# योगीराज से योगी राज तक

एक युगान्तराल के पश्चात,
योगीराज पुनः आया है।
दीनानाथ की पवित्र धरा पर,
योगीनाथ फिर आया है।।
सहस्त्रों वर्षों तक तड़पी है,
धरा यह हिन्दुस्तान की।
इसकी तड़प मिटाने को,
आदित्यनाथ फिर आया है।।

प्रवीन कुमार 'पर्व'
**Email : parveenkumarparvv@gmail.com**
**Contact/Whatsapp : 7500670043**
**Insta/Facebook : Parveen Kumar Parv**
**Youtube : Parveen Kumar Parv**
**Twitter : @parveenparv1**

First published in India in 2018 by

Invincible Publishers

Copyright 2018 ISBN: 978-93-87328-27-3



Invincible Publishers

G-120, Sushant Lok III, Sector 57, Gurgaon-122002

----------

मैं सदैव यह प्रयत्न करता हूँ कि मेरी कलम से जो लिखा जाये वह राष्ट्रीयता तथा मानवता को ही समर्पित हो। मेरी रचना में भी जब मैं किसी व्यक्तित्व पर विचार प्रकट करता हूँ तब उस व्यक्तित्व को मात्र इसी कसौटी पर रखकर परखने का प्रयास मेरे द्वारा होता है, कि वह व्यक्तित्व राष्ट्रीयता व मानवता की पावनतुला पर किस सीमा तक सन्तुलित है। संसार के प्रत्येक व्यक्ति के विचारों में अनेकों प्रकार से असमानताएं हो सकती हैं और यही कारण हो सकता है कि प्रत्येक व्यक्ति एक ही बात को अलग-अलग दृष्टिकोण से देखता है तथा प्रत्येक बात, प्रत्येक घटना तथा प्रत्येक व्यक्तित्व को वह अपने उस दृष्टिकोण के अनुसार एक अलग श्रेणी में रख सकता है।

मेरी यह रचना उत्तर प्रदेश के नवनिर्वाचित मुख्यमंत्री श्री योगी आदित्यनाथ जी के व्यक्तित्व को तथा वर्तमान सामाजिक व राजनीतिक परिस्थितियों को, योगीराज भगवान श्रीकृष्ण जी के व्यक्तित्व व उस युग की सामाजिक तथा राजनीतिक परिस्थितियों के प्रकाश में स्पष्ट करने का एक अभूतपूर्व प्रयास करती है। इस रचना का उद्देश्य योगी आदित्यनाथ को योगीराज श्रीकृष्ण घोषित करना नहीं है अपितु मेरा एकमात्र लक्ष्य योगीराज श्रीकृष्ण तथा योगी आदित्यनाथ के काल की सामाजिक तथा राजनीतिक समानताओं पर प्रकाश डालना अवश्य रहा है। अतः मेरे प्रत्येक सुबोध पाठक से मेरी यही अपेक्षा है कि आप सभी योगीराज तथा

योगी आदित्यनाथ के व्यक्तित्व की समानताओं के सन्दर्भ ने ही इस भावमय पुस्तक का पठन करें तथा उससे भी आगे इन दोनों के कालचक्र की समानताओं के आधार पर इसे कालचक्र की पुनरावृत्ति से सम्बन्धित करते हुए इस गद्य तथा पद्य की मिश्रित कृति का पूर्ण आनन्द लें।

आपका अपना

**प्रवीन कुमार 'पर्व'**

**"कालचक्र की पुनरावृत्ति है,**<br>
**क्रांति 'पर्व' यह विचार करे।**<br>
**योगीराज फिर आया प्यारो,**<br>
**महाशक्ति राष्ट्र तैयार करें।।"**

वर्तमान भारतीय राजनीतिक परिदृश्य में हो रहे तीव्र परिवर्तन अथवा यह कहना ही उचित होगा कि सकारात्मक तीव्र परिवर्तन को देखकर मेरा अन्तर्मन अति प्रसन्न हो जाता है। यह प्रसन्नता इसलिए नहीं कि किसी दल विशेष अथवा व्यक्ति विशेष का प्रभाव बढ़ रहा है, अपितु इसलिए कि अब जाकर भारतीय समाज ने व्यक्ति से ऊपर उठकर व्यक्तित्व को समझना व स्वीकार करना प्रारम्भ कर दिया है। यह व्यक्तित्व की स्वीकार्यता हालांकि बहुत धीमी है, परन्तु प्रसन्नता इस बात की है कि कहीं ना कहीं, बहुत छोटे स्तर पर ही सही परन्तु व्यक्तित्व को व्यक्ति से अधिक महत्व देने का प्रचलन मेरे समाज में आया तो सही। मैं व्यक्तित्व को व्यक्ति से ज्यादा महत्व देने वाले इस युग की द्वापर के उस महान युग से अवश्य तुलना करूँगा, जिसमें योगीराज भगवान श्रीकृष्ण जैसे महान व्यक्तित्व का अवतरण हुआ था। आप सभी व्यक्ति और व्यक्तित्व की इस तुला पर जब भी किसी पक्ष अथवा विपक्ष अथवा यह कहना उचित होगा कि जब भी आप व्यक्ति तथा व्यक्तित्व को तराजू के दो अलग-अलग पलड़ों पर रखकर तुलना करोगे तो पाओगे कि व्यक्ति तथा व्यक्तित्व में पर्याप्त भेद है। व्यक्ति तथा व्यक्तित्व का वनज पूर्ण रूप से असमान है। व्यक्ति तथा व्यक्तित्व में किसी सीमा तक शाब्दिक समानता अवश्य है, परन्तु अर्थ रूप में दोनों ही अनेकों विषमताओं से युक्त है।... मेरे विचारानुसार व्यक्ति जहाँ भौतिकता का प्रतीक है, वहीं व्यक्तित्व वैचारिकता का नायक है। बात द्वापर युग तथा श्रीकृष्ण की हो तो स्पष्ट है कि एक व्यक्ति के रूप में आज भगवान श्रीकृष्ण वर्तमान

समय में उपस्थित नहीं है, परन्तु एक व्यक्तित्व के रूप में वो अजर है, अमर है, अविनाशी हैं। उपरोक्त कथन मात्र व्यक्तित्व पर आधारित है। इससे अलग यदि प्रभुत्व की बात करें तो भी यही स्पष्ट है कि भगवान श्रीकृष्ण आज साकार रूप में उपस्थित नहीं है, परन्तु निराकार रूप में वह सदा सर्वदा थे, हैं और अनन्त काल तक रहेंगे। व्यक्ति तथा व्यक्तित्व में एक अन्तर यह भी है कि व्यक्ति मर सकता है, परन्तु व्यक्तित्व कभी नहीं मरता। यह भी सत्य है कि व्यक्ति से अधिक प्रभावशाली उसका व्यक्तित्व होता है। अतः किसी भी समाज अथवा राष्ट्र के समग्र उत्थान के लिए एकमात्र श्रेष्ठ मार्ग यही दिखता है कि उस समाज अथवा राष्ट्र के प्रत्येक व्यक्ति के व्यक्तित्व में सकारात्मकता का संचार हो। यह भी एक सत्य है कि व्यक्तित्व में सकारात्मकता जहाँ उत्थान का प्रतीक होती है वहीं इसी व्यक्तित्व में नकारात्मकता हो तो पतन का मार्ग भी प्रशस्त हो जाता है। क्योंकि यही व्यक्तित्व यदि श्रीराम का निर्माण कर सकता है तो यही रावण का भी निर्माता है।

अब वर्तमान परिस्थितियों पर विचार करें तो पायेंगे कि पिछले कुछ दशकों से हम व्यक्तित्व की अपेक्षा व्यक्ति को अधिक महत्व देने लगे थे और यह भी एक कारण बना कि किसी भी व्यक्ति की अच्छाई अथवा बुराई देखे बिना अर्थात उसके व्यक्तित्व को जाने-पहचाने बिना ही उसे नेतृत्व सौंप दिया व बारम्बार सौंपते रहे, परन्तु यदि बात की जाये आज की तो यह देखकर पुनः प्रसन्नता होती है कि हमारे समाज ने, कहीं ना कहीं व्यक्ति से आगे बढ़कर व्यक्तित्व को महत्व देना प्रारम्भ कर दिया है और यहीं एकमात्र आशा जागती है कि हाँ, हम एक महाशक्ति राष्ट्र का निर्माण कर सकते हैं।

प्रधानमंत्री श्री नरेन्द्र मोदी जी, मुख्यमंत्री श्री योगी आदित्यनाथ जी प्रत्यक्ष सबूत हैं कि समाज ने अब व्यक्ति से ऊपर व्यक्तित्व को महत्व देना प्रारम्भ किया है, परन्तु एक सत्य विचलित भी करता है कि वह ये कि समाज ने व्यक्तित्व को महत्व दिया है नेतृत्व को चुनने में, जो कि एक सशक्त राष्ट्र के निर्माण हेतु तो उचित है, परन्तु महाशक्ति राष्ट्र के निर्माण हेतु नहीं। मैं स्पष्ट करूँगा कि यदि महाशक्ति राष्ट्र का निर्माण करना चाहते हो तो इस राष्ट्र के प्रत्येक व्यक्ति को अपने स्वयं के व्यक्तित्व को सकारात्मकता के साथ विकसित करना होगा। किसी व्यक्तित्व के चयन से आगे बढ़कर स्वः व्यक्तित्व के विकास पर बल देना होगा और जैसा कि मैंने कहा कि व्यक्तित्व का यह विकास सकारात्मक होना चाहिए तो इसके लिए यह आवश्यक हो जाता है कि प्रत्येक व्यक्ति, व्यक्तित्व विकास के इस क्रम में अपने मूल अर्थात मानवता को ही आधार बनाकर चलें। क्योंकि प्रत्येक भारतीय के दिल की यही अभिलाषा है कि हमारा देश महाशक्ति राष्ट्र बने, लेकिन इस अभिलाषा के साथ ही साथ हमें यह भी समझना होगा कि महाशक्ति राष्ट्र की सामाजिक तथा राजनीतिक मानसिकता ही इस बात का निर्धारण भी करती है कि उस समय विश्व का माहौल कैसा होगा। अतः विश्व में शांति, समृद्धि, प्यार, भाईचारे वाले वातावरण के निर्माण हेतु भारत को मानवतावादी महाशक्ति राष्ट्र बनना ही होगा तभी सच्चे अर्थों में भारत जगद्गुरू बनकर समस्त संसार में सुख व शांति की स्थापना कर सकेगा।

योगी आदित्यनाथ को जो लोग विरोधी मानते हैं। वे शायद योगीजी को मात्र एक व्यक्ति समझते हों, परन्तु मेरे विचारानुसार योगी जी एक व्यक्ति मात्र नहीं है, इससे बहुत आगे निकलकर वह एक व्यक्तित्व में परिवर्तित हो गये हैं और योगी जी का व्यक्तित्व

भी कोई आम व्यक्तित्व ना होकर, एक सकारात्मक तथा गुय प्रवर्तक व्यक्तित्व दिखायी पड़ता है। जो लोग योगी जी को मात्र एक व्यक्ति समझकर उनकी कमियाँ खोदने में व्यर्थ ही परिश्रम कर रहे हैं। वास्तव में उन्हीं लोगों के भिन्न-भिन्न प्रकार के स्वार्थी चरित्र जग-जाहिर होते जा रहे हैं। इसके विपरीत एक योगी के चरित्र की सहज निस्वार्थता योगी आदित्यनाथ के उजले व्यक्तित्व में स्पष्ट दिखायी पड़ती है। यह राष्ट्र के लिए बड़े सौभाग्य का समय है कि हमारे पास राष्ट्रवादी, कर्तव्यनिष्ठ तथा पूर्णरूप से निःस्वार्थ नेतृत्व है। परन्तु दुर्भाग्य यह कि समाज का एक छोटा सा भाग इस निस्वार्थता व राष्ट्रहित की भावना से प्रसन्न नजर नहीं आता। वास्तविकता में यह अप्रसन्न लोग वह होते हैं जो निज-स्वार्थों को राष्ट्रहित से ऊपर महत्व देते हैं तथा जिनकी मानसिकता बहुत संकीर्ण होती है। जबकि समय का यही इशारा है कि अब प्रत्येक व्यक्ति को स्वार्थ तथा संकीर्णता का त्याग करके स्वयं को एक व्यक्ति से परिवर्तित कर एक सकारात्मक व्यक्तित्व बनाना होगा। व्यक्ति का जन्म होता है तथा व्यक्तित्व का निर्माण किया जाता है। व्यक्ति की मृत्यु होती है, परन्तु व्यक्त्वि अमर होता है। अब यह बात अलग है कि वह व्यक्तित्व कंस का है या योगीराज श्रीकृष्ण का।

व्यक्तित्व पर बात करूँगा,
व्यक्तित्व निर्माण करो।
मूल है जिसको भूले बैठे,
मानवता की पहचान करो।।

मेरा राष्ट्र महाशक्ति बनें,
पर, मानवता का ले आधार।
जगद्गुरू भारतवर्ष बने,
सुखी हो सारा ही संसार।।

इसीलिए सब स्वार्थ त्यागकर,
आगे बढ़ते जाना है।
स्वार्थमुक्त बनें समाज अपना,
निःस्वार्थ युग अब लाना है।।

कर्मों में संकीर्णता है जो,
उसको त्याग, अब विचार करें।
कर्म सभी को, वह करने हैं,
जो कर्म स्वयं अवतार करे।।

काल चक्र की........
योगीराज फिर........

मेरी इससे पहली पुस्तक "नमोः गाथा" प्रधानमंत्री श्री नरेन्द्र मोदी के व्यक्तित्व पर आधारित थी वहीं यह पुस्तक उत्तर प्रदेश के मुख्यमंत्री श्री योगी आदित्यनाथ के व्यक्तित्व पर प्रकाश डाल रही है। यहाँ मैं यह बात स्पष्ट करना चाहूँगा कि मैं किसी भी व्यक्ति का प्रशन्सक अथवा आलोचक कदापि नहीं हूँ, परन्तु व्यक्तित्व की प्रशन्सा व आलोचना सदैव करता हूँ। मैं प्रत्येक भारतीय के व्यक्तित्व के उर्ध्वगामी विकास का पक्षधर हूँ। मेरी एकमात्र इच्छा है कि प्रत्येक भारतीय का व्यक्तित्व अवतार की भांति खिल उठे, तब ऐसी स्थिति में अपना भारतवर्ष पुनः देवताओं का वास स्थल ही तो बन जाएगा।

प्रत्येक भारतीय को उत्तम को उत्तम कहना और स्वीकार करना सीखना चाहिए, इन प्रत्येक भारतीयों में वह लोग भी शामिल हैं जो उत्तम को भी निम्नतम घोषित करने में जी जान से जुटे हुए हैं। यह सामाजिक सत्य ही है कि जो व्यक्ति जैसे आचरण वाला होता है अर्थात जैसा स्वयं का चरित्र होता है, दूसरे या सामने वाले व्यक्ति में भी वह उन्हीं समानताओं को ढूँढ़ता है और नजर ना आने पर भी उसकी बुराईयों को उजागर करने का प्रयास करता है। दूसरी तरफ किसी भी व्यक्ति की अच्छाईयों को कोई प्रचारित अथवा प्रसारित नहीं करता। यही सामाजिक सत्य है। और यह ही एक मजबूत कारण, एक अग्रणी कारण है जो समाज में बुराई का प्रसार अत्यधिक होता जा रहा है तथा अच्छाई का पतन होता जा रहा था। ऐसे समय में समाज से यदि यह अपेक्षा की जाये कि अब समाज को श्रेष्ठ को श्रेष्ठ कहना सीखना चाहिए तो कुछ गलत ना होगा।

समाज को यह परिवर्तन लाना ही चाहिए तथा तुष्टीकरण के स्वरूप दी जाने वाली प्रत्येक सुविधा अथवा यह कहना ही उचित

होगा कि स्वार्थसिद्धि के हेतु दी जाने वाली भीख को अस्वीकार कर, राष्ट्रहित को सर्वोपरि मानते हुए श्रेष्ठ व्यक्तित्व को एक बार नहीं अपितु बारम्बार समर्थन देना चाहिए तभी हम एक महाशक्ति राष्ट्र का निर्माण कर सकते है। समाज के अन्तिम छोर पर बैठे व्यक्ति तक को भी यह सत्य समझना होगा तथा इस सत्य को स्वीकारते हुए महाशक्ति राष्ट्र के निर्माण में बिना किसी विलम्ब के लगना होगा, तभी यह महान स्वप्न पूर्णता की ओर अग्रसर होगा।

मेरा प्रत्येक शब्द महान व्यक्तित्व की प्रशन्सा के साथ ही जन-जन के जागरण हेतु संकल्पित है। साथ ही यह अभिलाषा है कि प्रत्येक व्यक्ति मेरे शब्दों के वास्तविक अभिप्राय को समझते हुए स्वयं के उत्तरदायित्वों को स्वीकार करने की दिशा में आगे बढ़े। बात यदि वर्तमान समय की करें तो यह आम बात है कि प्रत्येक व्यक्ति स्वयं के उत्तरदायित्व से पीछा छुड़ाता ही नजर आता है तथा प्रत्येक घटना अथवा दोष का आरोप अन्य किसी दूजे पर ही डालने हेतु तत्पर दिखायी पड़ता है और यही-यही वह समस्या की जड़ है जो किसी भी प्रकार का सुधार नहीं होने देती। इसीलिए जनता से यह आग्रह बारम्बार करता हूँ कि दूसरों में दोषों को ढूँढ़ना बन्द करके, स्वयं की कमियों पर लीपापोती करना बन्द करके, अब स्वयं का उत्तरदायित्व सुनिश्चित करें। इसी क्रम में जनता को अपनी सभी मानसिक, सामाजिक, राजनैतिक, रूढ़िवादी, पारम्परिक, सांस्कृतिक इत्यादि सभी प्रकार की संकीर्णताओं का त्याग करना ही चाहिए, तभी हम सभी सच्चे अर्थो में एक नये युग के निर्माण हेतु सक्षम बन पायेंगे।

योगी आदित्यनाथ ने सहभोज के आयोजन कराने का एक ऐसा सराहनीय व समाज सुधार का प्रयास निरन्तर किया है, जो छुआछूत जैसी सामाजिक संकीर्णता पर चोट करता है और यह

प्रसास भी उनके व्यक्तित्व को, उनके व्यक्तित्व की सकारात्मकता को बल ही प्रदान करता है। छुआछूत एकमात्र ऐसी संकीर्ण मानसिकता नहीं है, जिस पर प्रहार करने की आवश्यकता है। अपितु योगी आदित्यनाथ जी का व्यक्तित्व तो समाज से प्रत्येक अन्तिम संकीर्ण मानसिकता को जड़ से उखाड़ फेंकने का प्रबल समर्थक है। क्योंकि उन्होंने भी भारत को माता स्वरूप में माना है तथा वह जानते हैं कि ऐसी प्रत्येक संकीर्णता से जब कभी भी सामाजिक संघर्ष की स्थिति बनती है तो प्रत्येक बार यह माता, अपनी भारत माता की गरिमा धूमिल होती है।

प्रत्येक वह व्यक्ति जो भारत को माता स्वरूप मानता है, उसके लिए यह विचारणीय प्रश्न अवश्य छोड़ना चाहता हूँ कि प्रत्येक बच्चा अपनी माता के उज्जवल, कांतियुक्त चेहरे को देखकर प्रसन्न होता है, तब ऐसा क्यों होता है कि अनेकों बार सामाजिक संकीर्णताओं के अधीन होकर अपनी इसी भारत माता के उज्जवल चेहरे को हम स्वयं ही, अपने ही हाथों से कलंकित कर जाते है? अतः अब एक नयी शरूआत करने का समय है। सभी संकीर्णताओं का त्याग करने का समय है। सम्पूर्ण भारतीय समाज के पुर्नःजागरण का समय है। राष्ट्रीय समाज के निर्माण का उत्थान का समय है। भारत माता के चेहरे पर जो कलंक हम लोगों ने स्वयं लगाये हैं, उन्हें साफ करके पुनः भारत माता का श्रृंगार करने का समय है।

प्रशन्सा जो कर रहा हूँ,
वह किसी व्यक्ति की नहीं है।
व्यक्तित्व उत्तम है योगी का,
परवाह किसी शक्ति की नहीं है।।

मैं कहता हूँ उत्तम को,
उत्तम कहना सीख लो।
राष्ट्र निर्माण में सब लगो,
नहीं किसी से भीख लो।।

मेरे यह वचन जनता सुन ले,
बहुत हो चुकी लीपापोती।
संकीर्णताओं का त्याग करो अब,
भारत माता गरिमा खोती।।

उज्जवल सुन्दर चेहरे पर,
कलंक लगाना बन्द करें।
आओ सारे एक बने हम,
भारत माँ का श्रृंगार करें।।

काल चक्र की.........
योगीराज फिर.........

मैंने कहा, पुनः भारत माता का श्रृंगार करने का समय है। पुनः......?

इस पुनः का तात्पर्य शायद आप समझ रहे होंगे। जी हाँ, यह पुनः दर्शाता है कि पहले भी भारत माता श्रृंगारित थी तथा आज पुनः समय है इस भारत माता का श्रृंगार करने का। क्योंकि सदियों पश्चात पुनः एक योगी राज सिंहासन पर आरूढ़ हुआ है। वह द्वापर युग था जब इस भारतभूमि में योगीराज था, और यह वही समय था जब यह भारतभूमि समस्त आर्यवृत्त के लिए शिरोमणि थी। यहाँ के अनेकों राजाओं ने अनेक बार अश्वमेघ यज्ञ किए और उनके अश्वमेघ यज्ञ के घोड़े समस्त आर्यवृत्त में बिना किसी अवरोध के भ्रमण कर आये। अर्थात कोई भी शासक अथवा राज्य उस राजा के समक्ष खड़ा होने योग्य नहीं था। उस महान योगी व महान राजा अर्थात महान योगीराज श्रीकृष्ण के राज में हमारी भारतीय संस्कृति सर्वोपरि स्थिति में थी। जीवन के प्रत्येक क्षेत्र में यह भारतभूमि सर्वश्रेष्ठ थी। उस महान योगीराज ने अपने जीवन चरित्र के द्वारा अनेकों बार संकीर्ण मानसिकताओं से युक्त परम्पराओं पर, रूढ़िवादी सोच पर निःसंकोच होकर प्रहार किया। उसके व्यक्तित्व में भेदभाव, छुआछूत, राग-द्वेष, स्वार्थ, लालसा जैसे दुर्गुणों का कोई स्थान नहीं था। जबकि उसका सम्पूर्ण व्यक्तित्व मानवता से परिपूर्ण था, मानवीय संवेदनाओं का सर्वश्रेष्ठ उदाहरण था। राजधर्म, राजनीति, कूटनीति, युद्धनीति और जितनी भी नीति हैं उन सभी में वह निष्पक्ष रूप से धर्म से युक्त होकर ही निर्णय लेता था। उस महायोगी का यह सद्‌चरित्र ही था कि वह युग भारत के स्वर्णयुग के रूप में स्थापित हो गया था।

यदि विचार किया जाये उस योगी के राज तथा आज के समय पर तो निःसंदेह यह स्वीकार्य होगा कि वास्तव में उस योगी

के राज में ही यह भारतभूमि सोने की चिड़िया कही गयी। 'सोने की चिड़या' अर्थात हर तरह से समद्ध राष्ट्र, सर्वशक्तिशाली राष्ट्र, साथ ही मानवता का संरक्षक थी। द्वापर के उस योगीराज ने ऐसे राज्य का निर्माण किया था जो किसी भी प्रकार से तथा किसी भी क्षेत्र में किसी अन्य राष्ट्र पर मोहताज नहीं था। अपितु समस्त आर्यवृत्त ही इस भारतभूमि से सहयोग, दिशा-निर्देशन अथवा मार्गदर्शन प्राप्त करता रहा।

उपरोक्त सब मात्र इसलिए सम्भव हो पाया था, क्योंकि वह योगीराज कृष्ण प्रत्येक परिस्थिति में धर्म को सर्वोपरि स्थान देकर उसके पक्ष में खड़ा होता था तथा प्रत्येक स्थान पर उसने ना केवल अधर्म का विरोध किया बल्कि आवश्यकता पड़ने पर घोर संघार भी करने से विचलित नहीं हुआ। किसी भी स्थिति व किसी भी मूल्य पर धर्म की रक्षा, धर्म की विजय व धर्म की स्थापना ही उस योगीराज कृष्ण का लक्ष्य था। यहाँ पर यह भी स्पष्ट करना आवश्यक है कि धर्म से मेरा तात्पर्य क्या है? क्योंकि वर्तमान समय में धर्म का एक अलग ही बहुत संकुचित अर्थ मान्य हो चला है। वर्तमान समय में धर्म के वास्तविक अर्थ से विपरीत सम्प्रदायों को ही धर्म की संज्ञा दे दी गयी है। अर्थात प्रत्येक व्यक्ति अपने सम्प्रदाय को ही धर्म कहने और समझने लगा है। जबकि धर्म और सम्प्रदाय में भी पर्याप्त भेद है। श्रीमद्‌भगवद गीता अथवा किसी भी वेद, ग्रन्थ, शास्त्र अथवा पुराण में किसी भी सम्प्रदाय को धर्म की संज्ञा नहीं दी गयी। विश्व के किसी भी धर्मग्रन्थ में किसी सम्प्रदाय को धर्म की संज्ञा नहीं दी गयी। हाँ, प्रत्येक सम्प्रदाय के धर्मग्रन्थ धर्म के आधार तत्वों की व्याख्या अवश्य की है। अतः यह स्पष्ट हो जाये कि धर्म से मेरा तात्पर्य किसी भी सम्प्रदाय से कदापि नहीं है। उस योगीराज श्रीकृष्ण के सम्पूर्ण व्यक्तित्व, उनके सम्पूर्ण चरित्र में

से जितना भी नगण्य सा समझ सका हूँ, उसी के आधार पर इतना कह सकता हूँ कि उस योगीराज श्रीकृष्ण के लिए धर्म का तात्पर्य मानवता, मानवीय संवेदनाओं से सम्बन्धित ही था। जहाँ पर भी इन तत्वों का ह्रास हुआ, वहीं पर उस योगीराज ने इन मानवीय तत्वों को हानि पहुँचाने वालों का संघार किया।

आज योगी आदित्यनाथ भी समयानुकूल रीति व नीति से इसी राह पर अग्रसर हैं। हालांकि कुछ साम्प्रदायिक कट्टरपंथी व कुछ विरोधी दल योगी आदित्यनाथ की एक अन्य छवि बनाने में प्रयासरत हैं। परन्तु अनेकों ऐसे उदाहरण आज भी जीवित हैं जो योगी आदित्यनाथ की मानवतावादी सोच को प्रदर्शित करते हैं। वह योगीराज श्रीकृष्ण शान्ति का पक्षधर था तो यह योगीराज आदित्यनाथ भी तो शान्ति का ही राज्य बनाना चाहता है। तब भी शान्ति बनाये रखने के लिएउस योगीराज ने मान सम्मान की परवाह किये बगैर शान्तिदूत तक बनकर अन्तिम प्रयास किया था तथा आज का यह योगीराज भी किसी भी प्रकार से सिर्फ शान्ति बनाये रखने का पक्षधर है। परन्तु जब आततायीयों ने शान्ति के सभी प्रयासों पर पानी फेरकर युद्ध की नियती को ही चुना तब उस योगीराज ने महाभारत नाम के उस महायुद्ध में अधर्मियों का संघार किया। आज का यह योगीराज भी तो सभी कुख्यात, भ्रष्टाचारियों को बार-बार चेता रहा है। इसके उपरान्त भी यदि वें दुष्ट प्रवृत्ति लोग इस योगीराज को स्पष्ट रूप से ना समझ पाऐं तो उनकी नियती क्या होगी, यह वें सभी स्वयं समझ सकते हैं।

एक सत्य और जो आप सभी के समक्ष पूर्णतः स्पष्ट होता जा रहा है, वह सत्य यह कि जब से योगी आदित्यनाथ ने मुख्यमंत्री बनकर धड़ाधड़ फैसले लेने आरम्भ किए हैं तभी से शासन-प्रशासन से जुड़े सभी घोटालेबाज, भ्रष्टाचारियों में एक भय अनायास ही

व्याप्त हो चला है। प्रत्येक वह राजनेता तथा पदाधिकारी जो किसी भी घोटाले अथवा भ्रष्टाचार में लिप्त रहे हैं, उनके दिलों में भी आज वही खौफ नजर आ रहा है जो सदियों पहले योगीराज श्रीकृष्ण के समय में आततायी राजाओं में नजर आता था। ऐसे अद्‌भुत समय में यह आवश्यक हो जाता है कि सारा ही समाज निज स्वार्थ से ऊपर उठकर, अनेकोनेक प्रकार की समस्त संकीर्णताओं का त्याग कर, ऐसे योगी, ऐसे राजा, ऐसे योगीराज के साथ चलें। क्योंकि यह ही सर्वोचित समय है जब हम भ्रष्टाचार को समूल समाप्त कर सकते हैं।

द्वापर में भी योगीराज था,
आर्यवृत्त के सरताज थे हम।
स्वर्ण चिड़िया यह राष्ट्र था,
नहीं तब मोहताज थे हम।।

धर्म के साथ खड़ा वह योगी,
अधर्म का संघारक था।
इस जगत के परम सत्य का,
सर्वश्रेष्ठ प्रचारक था।।

बिना युद्ध, ना मार्नेंगे पापी,
उसको जब अहसास हुआ।
महाभारत के धर्मयुद्ध में,
अधर्म का तब विनाश हुआ।।

इस योगी से भी, देखो,
भ्रष्टाचारियों के दिल काँपे हैं।
इस योगी के साथ चले सब,
भ्रष्टाचार का अब संघार करें।।

कालचक्र की............
योगीराज फिर..........

द्वापर के उस योगीराज का प्रजा के दिलों में वास था। प्रत्येक जन के दिल पर उस योगीराज कृष्ण का राज था और प्रत्येक जन उसे ठाकुर कहता था। आज भी भक्तों के दिलों में अनन्त, अद्वितीय प्रेम स्वरूप बसने वाले उस योगीराज श्रीकृष्ण को लोग प्रेमवश ठाकुर नाम से पुकारते हैं। अपना ठाकुर सदा सर्वदा अजय ही रहा, अजय ही है तथा अजय ही रहेगा। उस ठाकुर ने समस्त प्राणियों में इतना प्यार बरसाया कि सब अनायास ही उसके प्रेमाधीन होते चले गये। सभी के दिल उस ठाकुर के अधीन हो गये, तदुपरान्त समस्त जनों ने उस कृष्ण को ठाकुर कहना प्रारम्भ कर दिया। दूसरी तरफ एक सत्य यह भी रहा कि सबके दिलों पर विजय प्राप्त करने वाला, अनेकों दुष्टों को परास्त करने वाला वह ठाकुर श्रीकृष्ण सदैव अजय ही रहा। इसीलिए वह योगीराज ठाकुर भी कहा गया तथा अजय भी।

वर्तमान युग के योगीराज आदित्यनाथ भी संयोगवश जन्म लेते ही ठाकुर व अजय नाम को धारण किये हुए हैं। इसे मात्र संयोग भी कहा जा सकता है या फिर 'कालचक्र की पुनरावृत्ति' का संकेत भी समझ सकते हैं। वैसे नाममात्र से ही नहीं अपितु जीवनचक्र से भी यह स्पष्ट होता रहा है कि यह योगी भी लोगों के दिलों पर राज करने वाला ठाकुर ही है। इसे भी अपने दिल में बसाने वाले लोगों की संख्या बहुत अधिक है तथा यह संख्या निरन्तर बढ़ती ही गयी है तथा निरन्तर बढ़ती ही जा रही है और दूसरा सत्य यह भी है कि यह योगीराज भी निरन्तर विजय ही होता रहा है तथा वर्तमान समय तक कभी भी इसने पराज्य का मुँह नहीं देखा। अतः मात्र नाम के आधार पर ही नहीं अपितु नियती के आधार पर भी यह योगीराज अजय ही तो है। इन दोनों ही योगियों में एक अन्य समानता और भी है जो मैं देख पाता हूँ कि द्वापर में

उस योगीराज के चरित्र में भी दुष्ट जनों को दण्डित करने का शौर्य समाहित था तथा वर्तमान समय के इस योगीराज में भी वही शौर्य स्पष्ट दिखायी पड़ता है। उस योगीराज में भी प्रत्येक दुष्ट प्रवृत्ति का व्यक्ति, भले ही वह किसी राज्य का राजा हो, सेनापति हो, सेनानायक हो अथवा कोई आमजन हो, प्रत्येक दुष्ट प्रवृत्ति के व्यक्ति के दिल में उस योगीराज श्रीकृष्ण का भय विराजमान था तथा वही परिस्थिति वर्तमान योगीराज के समय में पुनः बनती जा रही है। आज फिर प्रत्येक दुष्ट प्रवृत्ति व्यक्ति चाहे वह कोई खास, प्रतिष्ठित व्यक्ति हो या आम जनता के मध्य रहने वाला दुष्ट प्रवृत्ति, प्रत्येक के मन में वह भय पुनः उत्पन्न हो चला है जो कि ऐसे दुष्टों के मन में होना भी चाहिए।

द्वापर के समय में अपराधियों में ही नहीं अपितु आततायी राजाओं तक में योगीराज श्रीकृष्ण का भय व्याप्त था। कोई भी दुष्कृत्य करते हुए उनके अन्दर भय रहता था कि कहीं इस दुष्कृत्य का पता श्रीकृष्ण को ना चल जाये। क्योंकि वह योगीराज श्रीकृष्ण धर्म का रक्षक था तथा अधर्मियों, अत्याचारियों, दुष्टों का साक्षात काल था। उस योगीराज श्रीकृष्ण का अधर्म के प्रति, अपराध के प्रति तथा अपराधियों के प्रति यह रौद्र रूप धारण करना ही उस समय के समस्त दुष्ट राजाओं की एकता का कारण बना तथा समस्त दुष्टों के एक हो जाने के बाद, षडयन्त्रों का निरन्तर चलने वाला सिलसिला ही एक महायुद्ध 'महाभारत' के रूप में परिणीत हुआ।

वर्तमान योगीराज आदित्यनाथ ने भी अपराध, भ्रष्टाचार के विरुद्ध ऐसा ही रौद्र रूप धारण कर लिया है। शायद यही कारण है कि एक बार फिर समस्त भ्रष्टाचारी व अपराधी प्रवृत्ति के नेता इत्यादि सभी एक हो जाने की तैयारी में जुट गये हैं। उस योगीराज

श्रीकृष्ण का दुष्टों में यह भय था कि वह हमारा वध कर देगा तो इस योगीराज आदित्यनाथ का इन भ्रष्ट लोगों, भ्रष्ट नेताओं तथा अपराधियों में यह भय व्याप्त हो चला है कि यह योगी प्रत्येक भ्रष्टजन व प्रत्येक अपराधी को जेल में पहुँचा कर ही दम लेगा। यही एकमात्र कारण सभी भ्रष्टाचारियों को निकट लाता जा रहा है तथा यही भय इन भ्रष्ट लोगों को इस योगीराज के विरुद्ध षडयन्त्र पर षडयन्त्र रचने के लिए भी प्रेरित करता प्रतीत होता है। दूसरी तरफ योगीराज आदित्यनाथ अपने नामानुसार प्रत्येक षडयन्त्र को विफल करते हुए अजय रूप से निरन्तर आगे बढ़ता जा रहा है। इस योगी का दृष्टिकोण पूरी तरह से स्पष्ट नजर आता है कि यह अपने राष्ट्र को महाशक्ति रूप में देखने का अभिलाषी है। अपनी इस अभिलाषा को साकार करने के लिए यह योगीराज किस प्रकार गम्भीर है इसका अंदाजा आप सभी इस योगी की दिनचर्या पर एक नजर डालकर ही लगा सकते हैं। किस प्रकार यह योगी मात्र तीन से चार घंटे की नींद लेता है और बाकी बचे बीस-इक्कीस घंटे अथक परिश्रम करता है, ताकि उस राष्ट्र का निर्माण किया जा सके, जिसे 'सोने की चिड़िया' कहा गया था। यह उस राष्ट्र का निर्माण करना चाहता है जिसे अतीत में सारा ही संसार 'जगद्गुरू' के रूप में जानता व मानता था।

उस योगीराज श्रीकृष्ण के समक्ष तब एक बड़ी विकट समस्या आ गयी थी, जब अर्जुन मोह में, स्वार्थ में फंस गया था। अर्जुन के उस अज्ञान की अवस्था के कारण उस समय अधर्म की बिना संघर्ष किये ही धर्म पर विजय का मार्ग प्रशस्त होता दिखायी देने लगा था। परन्तु उस योगीराज श्रीकृष्ण ने अज्ञान में डूबे उस अर्जुन को ज्ञान दृष्टि देकर जागृत किया तथा धर्म के पक्ष में युद्ध लड़ने अर्थात धर्म के पक्ष में कर्म करने के लिए प्रेरित किया।

परिणाम आप सभी को ज्ञात है कि किस प्रकार अधर्म का विनाश हुआ तथा धर्म की पुर्नःस्थापना हुई।

वर्तमान योगीराज के समक्ष भी पुनः वही स्थिति उभरकर आ रही है। अपराध व भ्रष्टाचार के विरुद्ध होने वाले इस महाभारत में अर्जुनरूपी जनता पुनः निजस्वार्थ व मोहरूपी अज्ञान में घिरी हुई दिखायी दे रही है। जनता का इस प्रकार के स्वार्थो में घिरकर भ्रमित होना ही भ्रष्ट व अपराधी प्रवृत्ति के लोगों के मनोबल की वृद्धि का कारक बन रहा है। पुनः धर्म व अधर्म के मध्य वही स्थिति बनी है तथा कालचक्र की पुनरावृत्ति की तरफ संकेत कर रही है और अब वह समय आ गया है कि जब भ्रष्टाचार व अपराध की समाप्ति के लिए जनता रूपी अर्जुन को स्वयं का अज्ञान मिटाना होगा, निजस्वार्थ का त्याग कर महाशक्ति राष्ट्र के निर्माण हेतु श्रेष्ठ कर्म करने होंगे। जगद्गुरू बनने के लिए यह आवश्यक हो जाता है कि हम स्वः अज्ञान को त्यागकर राष्ट्रहित में कर्म करना ही नहीं अपितु राष्ट्रहित के हेतु जीना भी सीख लें।

वो ठाकुर था, अजय भी था,
ये भी ठाकुर अजय ही है।
दुष्टों के लिए वो स्वयं काल था,
इसका भी दुष्टों में भय ही है।।

मत करो पाप, डरो तुम,
कृष्ण आएगा, मारेगा।
यही भय है स्वार्थियों में,
योगी भी जेल में डालेगा।।

उससे पूर्व ही षडयन्त्रों की,
लगा रहे भरमार हैं।
पर, स्वर्णयुग लाने हेतु,
योगी भी तैयार है।।

उस काल के योगीराज ने,
अर्जुन का अज्ञान मिटाया था।
आज समय है सब जागें,
स्वः अज्ञान पर ही प्रहार करें।।

कालचक्र की............
योगीराज फिर..........

हमारा संकीर्णताओं में बँटा हुआ समाज यदि वास्तविकता में इन संकीर्णताओं का, अपने स्वार्थो का त्याग करके राष्ट्रीयता को, राष्ट्रीय हितों को सर्वोपरि मानते हुए जीवन जीना प्रारम्भ कर दे तो इस देश के महाशक्ति राष्ट्र बनने में कोई शंका शेष नहीं रह जाएगी, परन्तु प्रश्न यह है कि क्या हम, हमारा संकीर्णताओं से क्षत-विक्षत हो चुका समाज स्वयं में परिवर्तन करने के लिए तत्पर हो सकता है? यदि नहीं, तो मुंगेरी लाल के झूठे सपने देखते रहने पर कोई प्रतिबन्ध नहीं है, देखते रहिए। परन्तु वास्तव में हमारा कुछ नहीं होने वाला, इस देश का कुछ नहीं होने वाला। सच्चाई कड़वी हो सकती है, पर सच्चाई यही है कि देश बदलने के लिए समाज को बदलना होगा और समाज को अगर बदलना है तो समाज की ईकाई अर्थात प्रत्येक व्यक्ति को स्वयंको परिवर्तित करना ही होगा, तभी हम इस राष्ट्र को महाशक्ति राष्ट्र बनाने के स्वर्णिम पथ पर ले जा सकते हैं। जब कभी भी समाज परिवर्तन की राह पर चलते हुए संकीर्णताओं के चक्रव्यूह को तोड़ता है तो यह घटना एक सामाजिक क्रांति के रूप में परिणीत होकर सामने आती है। ऐसी ही सामाजिक क्रांति के फलस्वरूप राष्ट्रों की दशा एवं दिशा का निर्धारण हो जाता है। वर्तमान समय में हमारे देश को ऐसी ही एक सामाजिक क्रांति की आवश्यकता है।

आज हमारे समक्ष राष्ट्रीय व प्रादेशिक स्तर पर भी महान व निस्वार्थ नेतृत्व मौजूद है और इस महान नेतृत्व के द्वारा निरन्तर व अथक प्रयास भी किये जा रहे हैं। इस देश को दुनिया के अग्रणी राष्ट्रों की पंक्ति में ला खड़ा करने के लिए। जो नेतृत्व वास्तविकता में किसी राष्ट्र को महान बना सकता है, अर्थात जो नेतृत्व किसी राष्ट्र को महाशक्ति के रूप प्रतिस्थापित कर सकता है वह नेतृत्व वर्तमान समय में हमारे समक्ष है। परन्तु दुःखद स्थिति यह है कि

हमारा समाज आज भी बिखरा हुआ है। समाज इस महान नेतृत्व के समर्थन को लेकर इसके सहयोग को लेकर बँटा हुआ है और इसका एकमात्र कारण पूर्व में आये नेतृत्वों द्वारा तुष्टीकरण के द्वारा समाज के बीच में खोदी गयी खाईयाँ हैं। इस परिस्थिति में यह महान नेतृत्व भी शायद राष्ट्र को उस सर्वोपरि स्थिति में नहीं ले जा सकता जहाँ लेकर जाने की इस नेतृत्व में क्षमता है। परन्तु यदि सम्पूर्ण भारतीय समाज इस बात को समझने का प्रयास करें तथा सभी इस योगीराज के साथ चलने लगें तो निश्चय ही राष्ट्र की प्रगति में तीव्रता आ जाएगी। मुझे पूर्ण विश्वास है कि यदि हम सभी, सारा ही समाजइस योगी के साथ इस विकास पथ पर चले तो अवश्य ही नवयुग का निर्माण सम्भव है। इस योगी को लेकर समाज में अलग-अलग जो धारणाएँ थीं, जो कुछ शंकाएं थीं, वह सभी आज स्पष्ट होती जा रही हैं। जहाँ योगीराज को लेकर नकारात्मक विचारधारा थी उसको पूर्णतः गलत व निराधार साबित कर दिया गया है, एक सन्तुलित व आदर्श शासन के द्वारा।

योगीराज का विश्लेषण करने पर एक बात तो सुस्पष्ट हो जाती है कि यह राष्ट्रीयता तथा मानवता का राज है। योगी आदित्यनाथ के लिए जहाँ धर्म की परिभाषा कट्टर हिन्दुत्ववादी बतायी गयी थी, वहीं सत्य यह उजागर हुआ है कि इस योगी के लिए भी मानवता ही सर्वोपरि धर्म है। अतः मैं समाज से यह आग्रह करता हूँ कि हम सभी का योगीराज के महत्व तथा इसकी सद्‌भावना को समझते हुए इसके साथ कदम से कदम मिलाकर चलना चाहिए। यदि हम सभी, सारा समाज साथ मिलकर इस योगीराज के समर्थन में चले तो निश्चय ही धर्म की अर्थात मानवता की विजय होगी और मानवतायुक्त एक महान राज्य का निर्माण सम्भव हो सकेगा। यह मानवतायुक्त महान राज्य ही उस स्वर्णयुग

का निर्माता बनेगा, जिस स्वर्णयुग की प्रतीक्षा ना केवल हम सभी, हमारा सम्पूर्ण समाज, अपितु सारा ही संसार कर रहा है।

योगी आदित्यनाथ के युग को वास्तविक अर्थो में स्वार्थ युग अर्थात स्वार्थ में डूबे हुए नेतृत्व तथा साथ ही स्वार्थ में जी रहे समाज के युग का अन्त ही कहा जा सकता है। यदि पूरी गम्भीरता से और निष्पक्षता से हम योगीराज की कार्यशैली तथा पूर्व नेतृत्वों व समाज पर उसके प्रभाव का आंकलन करें तो यह स्पष्ट नजर आने लगता है कि इस योगी के राज में सबसे ज्यादा घुटन उन्हीं लोगों को हो रही है जिन्होंने अपनी स्वार्थपूर्ति हेतु राष्ट्रीयता व राष्ट्रीय हितों का कभी ख्याल ही नहीं रखा। शायद इसी कारण इन स्वार्थी लोगों को यह योगीराज बड़ा कष्टदायी प्रतीत हो रहा है और मैं इसीलिए समर्थन करता हूँ, इस योगीराज का कि इसमें स्वार्थों से ऊपर उठकर राष्ट्रीयता को महत्व दिया जा रहा है। मुझे खुशी है इस बात की कि यह योगीराज परिवारवादी सत्ता के युग का, पुनः राज-परिवार बनाने वाले लोगों की मानसिकता वाले युग का अन्त करता दिखायी दे रहा है।

आज मेरी नजरें उन लोगों को इस योगीराज पर गुण्डागर्दी का आरोप लगाती देख रही है, जो स्वयं ही गुण्डों के संरक्षक हैं, जिन्होंने गुण्डों और गुण्डागर्दी के बल पर ही सत्ता के सिंहासन तक का सफर तय किया हो, जिन्होंने दंगों के खूनी मार्ग पर चलकर सिंहासन की मंजिल का सफर तय किया हो, वही षडयन्त्रकारी लोग आज अपने उन्हीं हथियारों का प्रयोग योगीराज के विरुद्ध जनता को भ्रमाने के लिए बड़े जोर-शोर से कर रहे हैं। इतना सब हो जाने के बाद भी यह योगीराज जिस प्रकार बड़े साहस, बड़े शौर्य तथा बड़े वेग के साथ जिस प्रकार क्रियाशील है उससे तो यही स्पष्ट होता है कि इस योगी ने भी परिवर्तन करने का अखण्ड निश्चय

कर लिया है और मुझे अत्यधिक प्रसन्नता होती है यह देखकर कि यह योगी परिवर्तन की इस राह पर दृढ़निश्चयी होकर बढ़ता ही जा रहा है। ऐसी परिस्थितियों में नेतृत्व से इतर जनता से यह आशा करना स्वाभाविक ही हो जाता है कि जनता भी ऐसे महान नेतृत्व का समर्थन करते हुए, अपने निज स्वार्थ त्यागकर राष्ट्रहित में ही परिवर्तन के इस पथ पर नेतृत्व के साथ चले। हम सभी को उन स्वार्थवादी, परिवारवादी संकीर्ण विचारों वाले तुच्छ नेताओं का परित्याग कर, उनकी षडयन्त्रकारी चीख-पुकार को अनसुना कर, परिवर्तन पथ पर चलना ही होगा तभी एक सशक्त समाज तथा महाशक्ति राष्ट्र का निर्माण सम्भव हो पाएगा।

इस योगी के साथ चलो सब,
धर्म की ही विजय होगी।
स्वर्णयुग की है जो प्रतीक्षा,
पूर्ण वह निश्चय होगी।।

स्वार्थयुग का अन्त है यह,
योगीराज फिर आया है।
परिवारवाद मायूस हो गया,
राष्ट्रवाद हर्षाया है।।

गुण्डों के रखवाले देखो,
गुण्डई का आरोप लगाते हैं।
स्वयं दंगों के सृजनहार,
जनता को भ्रमाते हैं।।

इस योगी ने ठान लिया है,
परिवर्तन तो लाना है।
अतः सब जन साथ चले अब,
नहीं चीख पुकार करें।।

कालचक्र की............
योगीराज फिर..........

यह बात केवल मैं ही नहीं अपितु प्रत्येक व्यक्ति जानता है, समझता है कि यदि वास्तव में राष्ट्रीय हित के मार्ग पर चलना है तो संकीर्णता के रास्ते को छोड़ना ही होगा। लेकिन हमारे निज स्वार्थ, जातिगत दंभ, साम्प्रदायिक कट्टरता इत्यादि अनेको-अनेक बाड हमें इस संकीर्णता के मार्ग से हटकर राष्ट्रीयता के राजमार्ग तक जाने ही नहीं देते। यही सत्य है कि हम संकीर्ण मानसिकता में इस तरह से जकड़े हुए हैं कि चाहते हुए भी इस मकड़जाल से निकल नहीं पा रहे हैं। इससे भी अधिक बढ़कर एक अन्य सच्चाई यह भी है कि संकीर्ण मानसिकता के इस मकड़जाल से यदि कोई बाहर निकल जाता है अथवा उसका व्यक्तित्व इन संकीर्णताओं से पूर्णतया मुक्त है, स्वतन्त्र है तो भी हम संकीर्ण मानसिकताओं में फंसे हुए लोग किसी ना किसी प्रकार उस महान व्यक्तित्व को भी अपनी इन्हीं संकीर्ण मानसिकताओं के दायरे में लाने का प्रबल प्रयास करते हैं। यह मानव की स्वाभाविक प्रवृत्ति है कि वह किसी भी घटना, व्यक्ति अथवा व्यक्तित्व के प्रति अपने विचारों का निर्धारण, उस घटना, व्यक्ति अथवा व्यक्तित्व का आंकलन अपने स्वः विचार अथवा निज हित के अनुरूप ही करता है। अर्थात यदि कोई घटना, व्यक्ति अथवा व्यक्तित्व हमारे विचारों के अथवा हमारे हितों के अनुरूप है तो हम उसे उत्तम या श्रेष्ठ कहने लगते हैं, वहीं यदि वह घटना, व्यक्ति अथवा व्यक्तित्व हमारे विचारों, अथवा हमारे हितों के विपरीत हो तो हम ही उसे निम्नतम, बुरा या अनुपयुक्त कहने लग जाते हैं। परन्तु यदि बात अपने निज विचारों तथा निज स्वार्थ से कहीं ऊपर उठकर मात्र राष्ट्रीय भावना तथा राष्ट्रीय हितों की हो, तब यह अति आवश्यक हो जाता है कि उस घटना, व्यक्ति अथवा व्यक्तित्व का आंकलन भी हमें निज विचारों व निज स्वार्थों से हटकर, इनसे ऊपर उठकर, राष्ट्रीयता की भावना व

राष्ट्रीय हितों के सन्दर्भ में ही करना चाहिए।.. परन्तु वर्तमान समय में एक दुर्भाग्यपूर्ण स्थिति यह बन गयी है कि हम और हमारा समाज प्रत्येक घटना, व्यक्ति अथवा व्यक्तित्व को संकीर्णताओं के चश्मे से ही देखता है।

यह ऐसा समय है कि कहीं पर यदि कोई न्यायसंगत होकर बेझिझक होकर न्यायपक्ष में अपने विचार प्रकट करता है तथा इसी विचारानुरूप कार्य को निडरता के साथ क्रियान्वित करने का अदम्य प्रयास करता है। जैसा कि अनेकों बार योगी आदित्यनाथ ने मुख्यमंत्री बनने से पूर्व किया भी है। तो ऐसे निडर व निष्पक्ष व्यक्ति को भी वर्तमान समय के संकीर्ण सोच वाले व्यक्ति कट्टर बताने से गुरेज नहीं करते और मुझे पुनः इनकी नासमझी को देखकर दुःख होता है। यह इनकी नासमझी ही तो है कि यह किसी व्यक्ति की निडरता को कट्टरता कहकर सम्बोधित करते हैं। यहाँ मैं यह अवश्य स्पष्ट करना चाहूँगा कि निडरता और कट्टरता में अति सूक्ष्म भेद है। जबकि वर्तमान समाज में निडरता व कट्टरता को कहीं ना कहीं समानता के साथ स्वीकार्यता सी प्रदान कर दी गयी है। मेरे विचारानुसार निडरता जहाँ व्यक्ति के गुण के रूप में जाना व समझा जा सकता है वहीं कट्टरता को भी व्यक्ति के अवगुण के रूप में ही जाना-समझा जाये तो उचित ही होगा। परन्तु वर्तमान समाज की वैचारिक स्थिति इतनी दयनीय सी हो चली है कि इस पर दुःख प्रकट करने के अलावा शायद ही कुछ किया जा सकता है। क्योंकि समाज की इस दयनीय स्थिति में यदि कोई व्यक्ति सकारात्मक परिवर्तन करने का निष्पक्ष व निडर प्रयास करता भी है तो कुछ संकीर्ण व स्वार्थी सोच वाले नेताओं के भ्रम जाल में फँसकर यही समाज उस व्यक्ति को कट्टर, पक्षपाती तथा दंगा फसाद कराने वाला बताने लग जाता है।

मैंने कहा कि कहीं ना कहीं यह कालचक्र की पुनरावृत्ति ही प्रतीत होती है, क्योंकि वर्तमान समय की सामाजिक व राजनीतिक परिस्थितियाँ द्वापर युग के उसी समय के समान दिखायी पड़ती हैं जब एक योगी ने शासन की बागडोर सम्भाली थी। द्वापर के समय में जब योगीराज श्रीकृष्ण ने शासन किया तो बहुतेरे ऐसे शासक व दुष्टजन हुए जिन्होंने श्रीकृष्ण को कभी छलिया तो कभी चोर जैसी अनेकोनेक संज्ञा देकर समाज में उनकी छवि को धूमिल करने का निरन्तर प्रयास किया, परन्तु सत्य की एक प्रकृति यह भी होती है कि वह सभी समय पर प्रकट रहता है। यह अलग बात है कि कुछ लोग उसे देखना नहीं चाहते तथा कुछ उसे अनदेखा कर देते है। ठीक इसी प्रकार उस योगीराज का तथा उनके विरोधी रहे अन्य दुष्ट लोगों का सत्य भी प्रकट ही था तथा प्रत्येक जन जानता-समझता था कि योगीराज श्रीकृष्ण पर लाँछन लगाने वाले वह दुष्ट लोग स्वयं ही छलिया हैं। वह सभी जो योगीराज पर आरोप लगाते दिखते थे, दरअसल वह स्वयं ही स्वार्थी, कुटिल बुद्धि षडयन्त्रकारी रहे तथा उन्होंने ही अपने हितों, अपने स्वार्थों की पूर्ति हेतु सदैव समाज को व राष्ट्र को पीछे धकेलने का दुष्कृत्य किया। इतिहास इस बात का साक्षात् गवाह है कि एक निःस्वार्थ शासक पर आरोप लगाने वाले तथा उसके विरुद्ध एकत्र होकर षडयन्त्र रचने वाले दुष्ट व्यक्ति ना तो कभी राष्ट्रहित की बात सोच सकते हैं तथा ना ही किसी नागरिक का हित ही करते हैं। सत्य तो मात्र यह ही है कि ऐसे दुष्ट व्यक्ति जो भी कार्य करते-करवाते हैं, उनमें भी उनका निज स्वार्थ अर्थात सत्ता पर काबिज रहने की लालसा लिप्त रहती है। अतः अब, जब एक बहुत लम्बे समय के पश्चात पुनः एक निःस्वार्थ योगी ने शासन की बागडोर सम्भाली है तथा युग परिवर्तन का निश्चय किया है तो ऐसी घड़ी में, ऐसी अवस्था में

समाज से भी यह आशा, यह उम्मीद की जानी अनुचित नहीं कि समाज भी अब परिवर्तन की राह पर चलने के लिए सजग हो जाये।

यह समय चक्र की पुनरावृत्ति ही नहीं अपितु सौभाग्य का पुनः आगमन भी है। क्योंकि आज पुनः एक बार शासन और अध्यात्म का संयुक्त रूप बन गया है। अध्यात्म अर्थात सांसारिक पदार्थों के प्रति आसक्ति ना होना तथा ईश्वरीय तत्व के प्रति जागृति का होना, वहीं शासन अर्थात राज्य से प्राप्त शक्ति के द्वारा सामाजिक अथवा यह कहना उचित होगा कि समग्र रूप से सामाजिक व्यवस्था का संचालन करना और जब इन दोनों का ही स्वरूप एकरूप में प्रकट हो तो मेरा यह विचार है कि वही सत्ता, वही शासन श्रेष्ठ से भी बढ़कर सर्वश्रेष्ठ हो सकता है। इसी अध्यात्म तथा शासन के संयुक्त रूप को निष्पक्षता के रूप में, निःस्वार्थता के रूप में तथा सर्वजन के हितों की वास्तविक पूर्णता के रूप में देखा, समझा व जाना जा सकता है। और अतीत में यदि कहीं पर यह कहा गया है कि "राजा अर्थात शासक पृथ्वी पर ईश्वरीय सत्ता का दिव्य अंश या रूप या प्रतीक है" तो वास्तव में वह राजा, वह शासक ऐसा ही कोई अध्यात्म व राज्यशक्ति का संयुक्त रूप होगा, जिसके बारे में यह शब्द कहे गये होंगे। मुझे पूर्ण विश्वास है कि शासन तथा अध्यात्म का यह एकरूप ही वह सुअवसर है जो इस भारतभूमि को पुनः जगद्गुरू के रूप में प्रतिस्थापित करने की राह पर लेकर जाएगा। परन्तु फिर प्रश्न यही उठता है कि कितने लोग इस सुअवसर को संकीर्णता का चश्मा उतारकर देख-समझ पायेंगे? मैं सभी नागरिकों से यह आशा तो रख ही सकता हूँ कि अब अपनी मानसिकता को थोड़ा सा ऊपर

उठाकर इस सुअवसर को पहचाने और भूलकर भी इस अवसर को बेकार ना जाने दें।

न्याय के लिए जब बोला यह,
कट्टर इसको बता दिया।
पक्षपात का किया विरोध,
तब दंगाबाज जता दिया।।

ऐसे ही छलिया-वलिया कहने वाले,
द्वापर में भी बहुतेरे थे।
इतिहास गवाह वो आततायी,
ना तेरे थे, ना मेरे थे।।

इसीलिए अब ध्यान धरो,
युग परिवर्तन आया है।
शासन और अध्यात्म का,
पुनः मिलवर्तन आया है।।

फिर से जगद्गुरू बन जाने का,
यह सुअवसर आया है।
इस अवसर को पहचानें सब,
यह अवसर ना बेकार करें।।

कालचक्र की.............
योगीराज फिर...........

मैंने सदैव यह महसूस किया है कि मेरे देश में समस्याएं तो बहुत हैं और उन समस्याओं का लाभ उठाने वाले भी यहाँ पर बहुतेरे हैं। यह एक कटु सत्य ही है कि हमारे यहाँ पर, हमारे देश में अभी तक जिन भी लोगों ने अधिकांश समय तक शासन किया उन्होंने ही समस्या पर निशाना साधने की बजाए समस्या से निशाना साधने की कला ही अपनायी। साधारण शब्दों में कहूँ तो समस्या का निदान करने के स्थान पर सत्ताधारियों ने समस्या को ही सत्ता प्राप्ति का जरिया बनाकर रख दिया और यदि गम्भीरता से मात्र इसी विषय पर ध्यान केन्द्रित किया जाये तो हम पायेंगे कि यही वह अवरोधक है जो राष्ट्र को तथा समाज को विकास पथ पर आगे बढ़ने में गति शिथिलता उत्पन्न कर रहा है। यह एक सामाजिक सत्य ही है कि जब तक कोई व्यक्ति अथवा समाज अथवा राष्ट्र किसी समस्या या अनेकों समस्याओं से ग्रस्त है तो वह मात्र उन समस्याओं में ही उलझकर रह जाता है तथा विकास के बारे में कुछ करना तो दूर, उसके लिए तो विकास के बारे में सोचना भी दूभर हो जाता है।

मेरे विचारों में सामान्यतः एक आक्रोश प्रकट हो जाता है, मेरा यह आक्रोश कभी शासन के प्रति तो कभी समाज के प्रति होता है। परन्तु एक सत्य मैं स्पष्ट करना अवश्य चाहूँगा कि मेरा यह आक्रोश किसी दल, संगठन अथवा व्यक्ति के प्रति नहीं अपितु उनके द्वारा किये गये प्रत्येक उस कार्य के प्रति होता है जो कहीं ना कहीं, किसी ना किसी रूप में राष्ट्र हित के विरुद्ध होता है, समाज हित के विरुद्ध होता है। अब वर्तमान की योगी सरकार की कार्यप्रणाली, उनकी विकास के प्रति विचारशैली तथा समस्याओं के निदान के प्रति संवेदनशीलता व कर्मठता कहीं ना कहीं यह आशा जगा रही है कि यह ही वह सरकार है, यह ही वह शासन है जब

हमारे समाज से अनेकोंनेक समस्यारूपी अवरोधकों को हटाकर विकास का राजमार्ग बनाया जायेगा, जिस पर चलते हुए विकास को गति प्रदान की जा सकेगी। अब यह विश्वास जाग रहा है कि राष्ट्र के समक्ष जो समस्याएं बड़े लम्बे समय से खड़ी हैं अब उनका समाधान होने वाला है लेकिन अनायास ही मेरी नजर उस तरफ चली जाती है, जहाँ पर वह लोग या यह कहिए कि वह उतावले लोग खड़े हैं जो योगीराज से कुछ ही महीनों में सभी समस्याओं के समाधान को लेकर सवाल करने लगे हैं, परन्तु इन अति उतावले लोगों को पिछले साठ-सत्तर वर्षों में हुए क्रियाकलापों, दूसरे शब्दों में कहूँ तो कारनामों का शायद कोई भी दृश्य याद नहीं आता, या यह भी हो सकता है कि ये लोग उस शासन को जानबूझकर याद नहीं करना चाहते।.....यहाँ पर मैं यह अवश्य स्पष्ट करना चाहूँगा कि जिन समस्याओं का निवारण पिछले साठ-सत्तर वर्षों में नहीं किया जा सका, उन समस्याओं के निवारण के लिए कुछ महीनों में ही छटपटाहट दिखाना उन लोगों के अविवेकी होने का परिचायक है। मैं यह नहीं कहता कि इस योगीराज को साठ या सत्तर वर्ष का समय दो, परन्तु यह अवश्य कहना चाहूँगा कि इतना उतावलापन दिखाने के स्थान पर योगीराज को उनके अनुसार शासन का संचालन करने में सामाजिक सहयोग अवश्य करें।

वर्तमान समय ऐसा है कि जब आम जानमानस की यह मानसिकता बन गयी है कि आज शक्ति का केन्द्र सत्ता में है, परन्तु वास्तव में हमारी संवैधानिक व्यवस्था से यह स्पष्ट है, वास्तविक शक्ति उसी जनमानस में निहित है। आज यदि इतना कुछ गलत हो रहा था तो उसका एकमात्र कारण यही था कि जनता ने स्वयं को प्राप्त संवैधानिक शक्ति को ना पहचानते हुए सत्ता को शक्ति का केन्द्र मानकर आचरण व्यवहार किया, जिसका स्वार्थी सत्ताधीशों ने

एक लम्बे समय तक लाभ उठाया और आज भी वही सत्ताधीश जिन्होंने समाज की भलमानसता का अब तक लाभ उठाया, वे आज भी इस जनता को योगीराज के विरुद्ध करने के लिए बहकाने में लगे हुए हैं, क्योंकि वह भलीभांति जानते हैं कि हमारे देश में यदि शक्ति का कोई वास्तविक केन्द्र है तो वह जनता है। परन्तु जनता जो कि अपनी इस संविधान प्रदत्त शक्ति से अन्जान है उसे यह स्वार्थी व कुटिल सत्ताधीश सदैव से बहकाते रहे हैं और इस भोली जनता को बहकाना ही इनकी फितरत बन गयी है।

स्पष्ट करना चाहूँगा कि यह योगी भी उस योगीराज श्रीकृष्ण की भांति ही निस्वार्थ है और यह निस्वार्थता सर्वसमक्ष भी है, परन्तु यदि निरीक्षण की किसी को आवश्यकता है तो वह उन लोगों को स्वयं का निरीक्षण करने की है, जो योगी व योगीराज पर प्रश्न उठाने में लगे हुए हैं। योगीराज पर प्रश्न उठाने वाले वह लोग स्वयं के शासनकाल को पुनः ध्यान से देखें तो शायद वो देख सकें कि किस प्रकार से उन्होंने इस देश और प्रदेश को अपनी स्वार्थी व संकीर्ण मानसिकता की अग्नि में अनेकों बार जलाया है और यह भी कहना चाहूँगा कि जिस स्वार्थ के अधीन होकर इस जनता को अनेकों बार लड़ाया है अब समय है कि उसी स्वार्थ की पूड़िया का स्वाद मात्र तुम ही चखो। क्योंकि जन जागरण की शुरूआत हो गयी है।

अभी तक इन स्वार्थी नेताओं के बहकावे में तथा निज स्वार्थ में अभी भी डूबी हुई अपने देश की जनता से यह विचार अवश्य साझा करूँगा कि अब वह समय आ गया है जब सारा ही समाज विघटनकारी विचारों को त्यागकर क्रांतिकारी विचारों को ग्रहण करें। नेतृत्व परिवर्तन हमारे समक्ष पर, समाज में, सामाजिक सोच में परिवर्तन की भी दरकार है। मैं कालचक्र की पुनरावृत्ति की बात

कर रहा हूँ, परन्तु वास्तविकता यह है कि द्वापर के योगीराज में उस योगीराज के साथ सारा समाज खड़ा था, परन्तु वर्तमान योगीराज में समाज असमंजस की स्थिति में बँटा हुआ है। अतः कालचक्र की इस पुनरावृत्ति को सम्पूर्णता प्रदान करने के लिए यह आवश्यक हो जाता है कि समाज को भी दृढ़निश्चयी होकर इस योगीराज के साथ चलना होगा। प्रत्येक उस व्यक्ति को, जो अब के वर्ष स्वयं को धरती का राजा बनाने की मानसिकता रखता है। उसको स्वयं की इस संकीर्ण मानसिकता का निज स्वार्थ की भावना का त्याग करके, इस राष्ट्र को अब के बरस धरती की रानी बनाने की राष्ट्रवादी सोच को, राष्ट्रीयता की महान भावना को स्वीकार करना होगा तभी यह योगीराज अपने लक्ष्य को प्राप्त कर सकेगा तथा एक जगद्गुरू महाशक्ति राष्ट्र का स्वप्न साकार हो पायेगा।

बहुत समस्या है यहाँ पर,
जिनका समाधान अब होना है।
अल्प समय में सम्भव नहीं यह,
अतः धैर्य हमें नहीं खोना है।।

आज शक्ति सत्ता से बढ़कर,
जनता में, जनमत में है।
जनता को बहकाना देखो,
स्वार्थियों की फितरत में है।।

यह तो योगी है, निःस्वार्थ है
स्वयं के अन्दर झाँकों तुम।
देश-प्रदेश जलाने वालों,
स्वार्थ की पूड़िया फाँकों तुम।।

स्वार्थ में डूबी जनता सुन ले,
प्रत्येक जन यह बात अब गुन ले।
'अबके बरस धरती की रानी',
वह गीत अब साकार करें।।

कालचक्र की.............
योगीराज फिर...........

मेरी यह पुस्तक योगीराज से सम्बन्धित, योगीराज पर आधारित है। इसमें योगीराज के कालचक्र की समानताओं पर विचार प्रकट किये हैं। इसी कड़ी में योगी आदित्यनाथ नाम के इस महान व्यक्तित्व का निर्माण किस प्रकार हुआ, इस पर एक नजर जाना स्वाभाविक ही है। 'ठाकुर अजय कुमार बिष्ट' नाम का यह लड़का या व्यक्ति किस प्रकार योगीराज आदित्यनाथ नाम के व्यक्तित्व में प्रकट हुआ। इस बात पर भी अवश्य विचार किया जाना चाहिए। मूल रूप से उत्तराखण्ड का निवासी यह ठाकुर अजय कुमार बिष्ट अपने प्रारम्भिक जीवन से ही तीव्र बुद्धि से युक्त है और शिक्षाकाल में भी सदैव अग्रणी ही रहा। विज्ञान विषय से स्नातक करने वाले इस युवा के जीवन में महान परिवर्तन तब आया जब इसने गोरखपुर का रूख किया। गोरखपुर आने के पश्चात यह राष्ट्रवादी सोच वाला युवा नाथपंथ के गोरक्षनाथ मंदिर के महंत श्री अवैद्यनाथ जी के सम्पर्क में आया। यह श्री अवैद्यनाथ जी और ठाकुर अजय कुमार बिष्ट का मिलन, अथवा इस प्रकार कहें कि यही गुरू और शिष्य का मिलन एक युग परिवर्तन का प्रारम्भ सिद्ध हुआ। महंत श्री अवैद्यनाथ जी ने शायद इस व्यक्ति के अंतःकरण में छिपे महान व्यक्तित्व के बीज रूप को देख लिया, परख लिया था, तभी तो उन्होंने इस अजय कुमार को दीक्षा देकर योगी आदित्यनाथ नाम दिया तथा अपने उपजाऊ भूमि, खाद-पानी रूपी उच्च विचारों तथा गुरूकृपा रूपी वर्षा के द्वारा इस महान व्यक्तित्व के सूक्ष्म से बीज को एक महान व्यक्तित्व रूपी वृक्ष के रूप में परिवर्तित अर्थात विकसित करने लगे। यह वह समय था जब पूरब में जेहादी, नक्सलवादी तथा माओवादी गतिविधियाँ तीव्र वेग पर थी। स्थान-स्थान पर नित प्रतिदिन इन्हीं जेहादियों, नक्सलियों व माओवादियों के द्वारा आम जनों पर जुल्म किये जा रहे थे। ऐसा

प्रतीत होता था कि जैसे कंस, जरासंध तथा शिशुपाल ने पुनः जन्म ले लिया हो तथा प्राणिमात्र में हाहाकार मची हो। यह ऐसा समय था जब भ्रष्टाचार ने आम जनता को तोड़कर रख दिया था। दूसरी तरफ एक अन्य समस्या धर्मान्तरण के रूप में सिर उठाने लगी थी। भ्रष्टाचार तथा इस प्रकार के धर्मान्तरण जैसे सामाजिक विद्वेष के वातावरण में अपराध को उपयुक्त समय मिल रहा था। अतः एक महान व्यक्तित्व के रूप में योगी आदित्यनाथ का आना स्वाभाविक ही था। क्योंकि इतिहास गवाह है कि जब-जब अलग-अलग विकट समस्याओं ने चरम अवस्था पर पहुँचकर मानव मात्र को संकट में जीवन बिताने को मजबूर किया है तब-तब कोई ना कोई महान व्यक्तित्व प्रकट हुआ है तथा समाज को इन सभी समस्याओं से, अपराधियों तथा अपराध से मुक्ति देकर पुनः शान्ति व प्रगति के राज्य की स्थापना की है।

योगीराज श्रीकृष्ण जैसा महान व्यक्तित्व भी ऐसे ही विकट समय प्रकट हुआ था जब सम्पूर्ण मानव समाज सभी ओर से अनेकोनेक दुष्ट शासकों तथा उनके दुष्ट मंत्रियों इत्यादि के आपराधिक व निरंकुश शासन से त्राहि-त्राहि कर रहा था। मानव धर्म का दम घुटता जा रहा था। तब उस समय इन सभी दुष्ट शासकों के तथा उनके सहयोगियों के अपराधों को समाप्त करने, उनके दुष्कृत्यों का दंड देने तथा धर्म की पुर्नःस्थापना के लिए उस योगीराज श्रीकृष्ण ने अपनी सम्पूर्ण विधाओं, समस्त कलाओं का प्रयोग किया। एक तरफ उस योगीराज ने जहाँ दुष्टों को दण्डित किया वहीं दूसरी तरफ मानव समाज में एक नवीन चेतना का संचार भी किया। योगीराज श्रीकृष्ण ने प्राचीन रूढ़ियों परम्पराओं का, जो समाज के लिए बन्धन बन चुकी थी, उनका खण्डन किया

तथा नवीन परम्पराओं का सृजन करके समाज को नवीन युग की तरफ अर्थात युग परिवर्तन की दिशा में लेकर चले।

कालचक्र की यही समानताएं आज पुनः दृष्टिगोचर होती जा रही हैं। वह युवक अजय कुमारजो महंत श्री अवैद्यनाथ जी द्वारा दीक्षित होने के पश्चात योगी आदित्यनाथ के रूप में जाना गया, उसी के व्यक्तित्व की दिव्यता थी तथा श्री गोरखनाथ की असीम अनुकम्पा थी कि महंत श्री अवैद्यनाथ जी ने इसी योगी आदित्यनाथ को अपना उत्तराधिकारी घोषित कर दिया तथा नाथपंथ की व गोरक्षनाथ मंदिर की समस्त जिम्मेदारी इस बाईस वर्ष के युवा सन्यासी के हाथों में सौंप दी। यह इस योगी की उस योगीराज जैसी ही एक समानता थी कि इसने भी अल्पायु से ही अपनी जिम्मेदारियों, अपने कर्तव्यों को पूर्ण कर्तव्यनिष्ठा के साथ स्वीकार किया तथा अपने इन सभी कर्तव्यों को पूरी निष्ठा के साथ पूर्ण भी किया। यह योगी आदित्यनाथ जिसने विज्ञान के छात्र के रूप में विद्यालयी शिक्षा प्राप्त की तो ज्ञान के शिष्य के रूप में अध्यात्म की शिक्षा भी अर्जित की अतः यह भी स्पष्ट हो जाता है कि योगी आदित्यनाथ नाम का यह व्यक्तित्व अर्थात वर्तमान योगीराज ज्ञान व विज्ञान, दोनों से ही भली-भांति परिचित है तथा इन दोनों ही के एक आदर्श सन्तुलन के रूप में प्रत्येक कार्य को सम्पादित करता है और यह एक सकारात्मक तथ्य है जिसे प्रत्येक नागरिक को ध्यान से देखना चाहिए कि यह कोई ढोंगी-पाखण्डी वेशधारी साधू नहीं, अपितु ज्ञान-विज्ञान से पूर्णतः परिचित एक आदर्श व्यक्तित्व से युक्त योगी है।

इस योगीराज आदित्यनाथ ने अपने पूर्व जीवन में, अर्थात विद्यार्थी जीवन से ही राष्ट्रीयता तथा राष्ट्रवाद की अपनी वैचारिक प्रखरता का परिचय दे दिया था। इसने सदैव राष्ट्रीयता को,

राष्ट्रहित व राष्ट्रप्रेम को सर्वाधिक महत्व दिया तथा किसी भी प्रकार से स्वार्थ से प्रेरित होकर समाज में दुर्भावना का प्रसार करने वालों का सदैव ही विरोध किया। इस योगीराज के जीवन का एक महत्वपूर्ण पक्ष यह भी रहा है कि इसने सदैव सनातन धर्म में व्याप्त बुराईयों और रूढ़ियों पर प्रहार किया है तथा इस सनातन धर्म के पुर्नःजागरण के लिए निरन्तर प्रयासरत रहा है।

पूरब में जब उमड़ रहा था,
जिहाद, नक्सल व माओवाद,
भ्रष्टाचार व धर्मान्तरण,
बहुत बढ़ रहा था अपराध।।

नाथपंथ के गोरक्षनाथ मंदिर में,
गोरखनाथ के अनुग्रह से तब।
उत्तराधिकारी अवैद्यनाथ जी का,
देखने पहुँच रहे थे सब।।

वह योगी, आदित्यनाथ था,
बाईस बरस का सन्यासी था।
सनातन धर्म के पुर्नःजागरण,
और रक्षा का अभिलाषी था।

विज्ञान का यह स्नातक,
राष्ट्रवाद का प्रेमी रहा है।
योगी बनकर भी तभी तो,
अलग राह तैयार करे।।

कालचक्र की............
योगीराज फिर..........

इस योगीराज आदित्यनाथ ने भी सारे मिथको को तोड़ते हुए संसार से, समाज से दूरियाँ बनाने के स्थान पर समाज में ही परिवर्तन लाने के लिए, समाज का उद्धार करने के लिए समाज के मध्य रहना स्वीकार किया। इस योगीराज ने भी द्वापर के योगीराज भगवान की भांति यह मिथक तोड़ दिया कि योगी का कार्य योग-साधना है व सन्यासी का समाज से कोई लेना देना ही नहीं होना चाहिए। समाज के साथ ही साथ योगियों-साधकों तथा सन्यासियों ने भी इसी मार्ग को स्वीकृति प्रदान की हुई है कि योगियों-साधकों- सन्यासियों को संसार व सांसारिक वस्तुओं से विरक्त रहना चाहिए, इनसे दूर रहना चाहिए। परन्तु जिस प्रकार योगीराज श्रीकृष्ण ने अपने जीवन चरित्र के द्वारा यह सिद्ध किया कि संसार के बीच रहते हुए, समाज में रहते हुए, सामाजिक सम्बन्धों को जीते हुए, सामाजिक प्रक्रियाओं से गुजरते हुए तथा सांसारिक समस्त वस्तुओं से घिरे रहने के पश्चात भी जो व्यक्ति विरक्त है, वास्तव में वही व्यक्ति योगी है, साधक है, सन्यासी है। योगीराज श्रीकृष्ण ने अपने जीवन में जिस प्रकार ऐसे अनेकोनेक अंधविश्वासों पर प्रहार किया, ठीक उसी प्रकार आज के समय में यह योगीराज आदित्यनाथ भी सच्चे अर्थो में योगी के सभी कर्तव्यों को जानते-समझते हुए उन सभी कर्तव्यों को पूर्ण करने में दृढ़निश्चयी होकर लगा हुआ है। एक योगी पुरुष, एक विरक्त पुरुष किस प्रकार एक श्रेष्ठ राजा बन सकता है अर्थात एक विरक्त पुरुष ही श्रेष्ठ राजा बन सकता है, इसका एक श्रेष्ठ उदाहरण इतिहास में वर्णित राजर्षि जनक महाराज के रूप में उपस्थित है। राजर्षि जनक एक ऐसे महान राजा हुए जिनके बारे में यह सत्य प्रसिद्ध है कि वे सभी सांसारिक वस्तुओं, समस्त ऐश्वर्यो, समस्त सुख-सुविधाओं आदि से पूर्णतया विरक्त थे। इसके उपरान्त भी उनका राज्य

मिथिला पूर्ण रूप से समृद्ध था। विरक्त होने के पश्चात भी वह बड़ी कुशलता से राज्य का आदर्श संचालन करते रहे।

आज भी राजा जनक की ही भांति, योगीराज श्रीकृष्ण के ही आदर्शों को अपनाते हुए योगी आदित्यनाथ ने भी सन्यासियों-योगियों के प्रति प्रचलित सामाजिक मिथक को तोड़ते हुए पुनः कालचक्र की पुनरावृत्ति को स्पष्ट किया है। यह योगी भी समाज के कल्याणार्थ, सनातन धर्म के पुनर्जागरणार्थ जन-जन तक जाने लगा। इस योगी की विचारधारा स्पष्ट थी कि किसी भी समाज के जागरण हेतु अर्थात सम्पूर्ण समाज को जगाने हेतु यह आवश्यक है कि समाज की इकाई अर्थात प्रत्येक व्यक्ति, प्रत्येक जन को जगाना आवश्यक है। अपनी इसी विचारधारा का अनुसरण करते हुए योगी आदित्यनाथ ने योग-साधना के साथ ही साथ समाज को भी समय देना प्रारम्भ किया। धीरे-धीरे योगी आदित्यनाथ ने समाज में प्रत्येक जन तक जाकर उसकी भावनाओं को समझने का तथा उनकी समस्याओं का निवारण करने का प्रयास भी आरम्भ कर दिया। सामाजिक समस्याओं की समूल समाप्ति के लिए योगी आदित्यनाथ ने जन सम्पर्क को अपनी दैनिक दिनचर्या का एक अभिन्न अंग बनाया तथा नियमित रूप से समाज के बीच जाकर उनकी समस्याओं को गम्भीरता से सुनना, उन समस्याओं को समझना तथा समाज की उन समस्याओं के समाधान के लिए अथक प्रयास करना योगी आदित्यनाथ की जीवनशैली का एक विशिष्ट व्यवहार बनता गया। उनके यही सामाजिक प्रयास सन्यासी योगी की समाज में बनी उस छवि को चकनाचूर करने लगी जिसमें सन्यासी को समाज से विरक्त दर्शाया या समझा जाता रहा।

इस प्रकार अपने विशिष्ट व्यक्तित्व के साथ यह योगी भी सम्पूर्ण समाज के पुर्नःजागरण में उस योगीराज श्रीकृष्ण की ही

भाँति महान भूमिका निभाने लगा। समाज के सुखों व दुःखों का भागीदार बनने, सामाजिक समस्याओं को सुलझाने के कारण यह योगी आदित्यनाथ जन सामान्य को अतिप्रिय होने लगा और जनता के मध्य उनके विचारों, उनके मत की बढ़ती स्वीकार्यता ही क्रमशः बढ़ते जा रहे जनमत के रूप में उन्हें लगातार शक्तिशाली बनाती चली गयी। यह इस योगीराज आदित्यनाथ के सम्पूर्ण समाज के जागरण हेतु किये गये अनथक प्रयासों का ही परिणाम है कि जो जनमानस निष्क्रिय होकर सभी अत्याचार, सारे पक्षपात सहता जा रहा था। वही जनमानस आज प्रत्येक घटना के प्रति पूर्ण सजग, सक्रिय होकर उसका साक्षी ही नहीं अपितु उसमें अपनी भागीदारी भी तय करता है। यह एक स्वीकार करने योग्य सत्य ही है कि यह योगी ऐसे जनमानस का प्रतिनिधि बनकर सामने आया, जिसका कि पूर्ववर्ती सत्ताधीशों ने पहले प्रयोग किया तथा सत्ता पर काबिज होने के बाद उसी जनमानस को दमन का सामना करना पड़ा। एक समाज को तुष्टिकरण की नीति से लाभ पहुँचाया जाने लगा तो दूसरी तरफ, दूसरे समाज को इस तुष्टिकरण का मूल्य चुकाने के लिए बलि का बकरा बनाया जाने लगा। ऐसी पक्षपाती नीतियों वाली सरकारों के समक्ष जब जनमानस की आशाऐं दम तोड़ती जा रही थी। ठीक उसी समय यह योगी उस आशाहीन समाज की आशा बनकर, उस समाज में पुनः उत्साह का संचार करने तथा उस समाज की खो चुकी शक्ति को जगाने के लिए सामने आया।

सामाजिक समानता तथा जन जागरण के लिए योगी आदित्यनाथ ने अनेकों प्रयत्न सामाजिक अभियानों के स्वरूप में किये, जिसके फलस्वरूप समाज में समानता का विकास हुआ तथा समाज में जागरूकता का प्रसार होने लगा। समाज में जागरूकता बढ़ने के साथ योगी आदित्यनाथ के प्रति सकारात्मक विचारों का भी

प्रसार होता रहा तथा योगी जी की लोकप्रियता भी निरन्तर बढ़ती चली गयी और आज भी लोकप्रियता का यह ग्राफ बढ़ता ही जा रहा है। योगी आदित्यनाथ ने उन सामाजिक समस्याओं पर प्रहार करना शुरू किया, जो कहीं ना कहीं धर्मान्तरण के लिए उत्तरदायी थी। इसी के साथ ही साथ धर्मान्तरण करने वाले परिवारों को पुनः घर वापसी के लिए भी योगी आदित्यनाथ ने सफल प्रयास किये। योगीराज श्रीकृष्ण की ही तरह यह योगी आदित्यनाथ भी गोवंश से अत्यन्त प्रेम रखता है तथा सदैव गोवंश की रक्षा पर तथा गोवंश के पालन पर अत्यधिक बल देता है। मात्र योगी होना ही नहीं बल्कि योगीराज श्रीकृष्ण में तथा उनके युग में तथा आज के इस योगी आदित्यनाथ में तथा आज के युग में भी अनेको-अनेक समानताऐं दिखायी पड़ती है जैसे उस युग में भी ऊँच-नीच की तथा छुआछूत की घृणित व असामाजिक बुराईयाँ उपस्थित थी तथा आज के युग में भी यह बुराईयाँ पुनः प्रकट हो गयी है। उस समय योगीराज श्रीकृष्ण ने भी उन बुराईयों का विरोध किया तथा उन सामाजिक बुराईयों के खात्मे के लिए सामाजिक प्रयास किये तथा आज के समय में योगीराज आदित्यनाथ भी अनेकों ऐसी ही सामाजिक संकीर्णताओं की समाप्ति के लिए निरन्तर प्रयासरत है।

सन्यासी का मिथक तोड़कर,
जन-जन तक यह जाने लगा।
पुर्नःजागरण के इस महायज्ञ में,
महान भूमिका निभाने लगा।।

शिव-उपासक योगी है यह,
सभी जनों को अतिप्रिय है।
जनमानस जो निष्क्रिय पड़ा था,
योगीराज में हुआ सक्रिय है।।

जन जागरण अभियान चलाये,
घर वापसी की राह बनाये।
गोरक्षा को देता महत्व,
जनता को भी अहसास कराये।।

ऊँच-नीच का आलोचक यह,
समानता का प्रचार करे।
सहभोज आयोजनकर्ता,
छुआछूत पर नित प्रहार करे।।

कालचक्र की.............
योगीराज फिर...........

मैं अक्सर यह बात करता हूँ कि हमारे देश की वर्तमान स्थिति जो भी है, इसकी इस स्थिति की सबसे ज्यादा उत्तरदायी जनता है। जनता किस प्रकार देश की वर्तमान दयनीय स्थिति के लिए उत्तरदायी है, यह भी प्रत्येक जन भलीभांति समझता है। परन्तु इसके उपरान्त भी प्रत्येक व्यक्ति व्यक्तिनिहित स्वभाव के अनुसार प्रत्येक दुष्कृत्य के लिए अन्य व्यक्तियों पर अथवा प्रशासन पर या फिर सर्वाधिक रूप से सत्ता पर, सत्ताधारियों पर दोषारोपण करता है। प्रत्येक व्यक्ति को अपने मौलिक अधिकारों का पूर्णतया ज्ञान तो है ही साथ ही वह सामाजिक हितों के नाम पर तथा अन्य अनेकों प्रकार से अतिरिक्त अधिकारों अथवा लाभों की प्राप्ति के लिए भी सदैव प्रयत्नशील रहता है। इन अतिरिक्त अधिकारों अथवा लाभों की प्राप्ति हेतु वह व्यक्ति अथवा समाज राष्ट्रीयता की भावना का त्यागकर करने से भी नहीं चूकता, अर्थात राष्ट्रहित का भी त्याग कर देता है। मैं और आप सभी भी अक्सर देखते होंगे कि जब कभी भी कोई चुनाव होता है तो किस प्रकार हम लोग, हमारा समाज कुछ अतिरिक्त लाभ पाने के चक्कर में राष्ट्रहितैषी व्यक्ति को अनदेखा करके किसी स्वार्थी व अयोग्य नेतृत्व को चुन लेते हैं तथा बारम्बार वही गलती दोहराते चले जाते हैं। लेकिन हम भूल जाते हैं कि अतिरिक्त लाभ का स्वार्थ ही हमें तथा हमारे राष्ट्र को अयोग्य नेतृत्व प्रदान करता है और यही अयोग्य नेतृत्व वह कार्य कर पाने की क्षमता नहीं रखता जो कार्य राष्ट्रहित में नेतृत्व को करने चाहिए। उसके उपरान्त फिर वही लोभी जनता दोषारोपण करने के लिए खड़ी हो जाती है। वह भूल जाती है कि इस सब का मूल वह स्वयं ही तो है। निज स्वार्थों के अधीन होकर इस विकट परिस्थिति को जनता स्वयं ही तो जन्म देती है तथा बाद में स्वयं

ही इन विकट परिस्थिति में फंसकर इसका दोष अयोग्य नेतृत्व अन्यथा दूसरे समाज या व्यक्तियों के ऊपर मढ़ने लगती है।

वैसे तो अपने देश में अट्ठारह वर्ष के व्यक्ति को व्यस्क माना गया है तथा उसे पूर्ण नागरिकता प्रदान की गयी है, परन्तु थोड़ा गम्भीरता से अध्ययन करें तो हम देखेंगे कि अधिकांश दंगों-फसादों, झगड़ों इत्यादि में यही कानूनी रूप से व्यस्क व्यक्ति अपनी अव्यवस्था का परिचय बारम्बार देते है। छोटी-छोटी सी बातों पर पूरा का पूरा समाज उबल पड़ता है। जातीय हिंसा भड़क उठती है, साम्प्रदायिक दंगे छिड़ जाते हैं और यह सब होता है संवैधानिक रूप से व्यस्क परन्तु मानसिक रूप से तथा वैचारिक रूप से अवयस्क भीड़ के द्वारा। किसी भी स्वार्थी व कुटिल सोच वाले नेता अथवा व्यक्ति के बहकावे में आकर यही भीड़ राष्ट्रीय सम्पत्ति को आग के हवाले करने लगती है। पत्थरबाजी करने लगती है। एक बार भी उस स्वार्थी नेता या व्यक्ति के बहकाने वाले विचारों पर कोई भी अपनी व्यस्कता दिखाते हुए विचार नहीं करता तथा अवयस्कों सा आचरण करते हुए उसके कुटिल लक्ष्य की प्राप्ति हेतु साधन बनकर वह सब कर जाते हैं, जो किसी भी प्रकार से ना तो राष्ट्रीयता के हित में होता है तथा ना ही नागरिकता का परिचायक।

अतः यदि समाज चाहता है, जनता यह चाहती है कि हम विकास पथ पर आगे बढ़े तो प्रत्येक नागरिक को समाज में घटित होने वाली प्रत्येक घटना पर तथा अपने व्यक्तिगत आचरण पर भी पूर्ण परिपक्वता के साथ विचार करना होगा तथा अपनी गलतियों को सुधारना होगा तभी यह योगीराज का युग भी उस द्वापर के योगीराज के युग की तरह ही परिवर्तन का युग साबित होगा। जिस प्रकार उस योगीराज में सम्पूर्ण समाज का जागरण हुआ था तथा सारा ही समाज योगीराज श्रीकृष्ण तथा उनकी समाज कल्याणकारी

नीतियों के समर्थन में उनके साथ चलने लगा था। ठीक उसी प्रकार समाज के पुर्नःजागरण तथा समाज के समर्थन की आवश्यकता आज के योगीराज को भी' है तभी यह योगीराज पूर्ण शक्ति व गति के साथ अपनी लोक कल्याणकारी नीतियों का सम्पादन उचित प्रकार से कर पायेगा। अतः आवश्यकता है कि अब नेतृत्व परिवर्तन की ही भांति सामाजिक परिवर्तन भी हो। अब समय है जब समाज के प्रत्येक अंग में सुधार किया जाये तथा प्रत्येक सामाजिक बुराई पर प्रहार किया जाये। प्रत्येक व्यक्ति को अपने अन्दर जड़े जमाए बैठी सामाजिक बुराईयों को समाप्त करना होगा उसे अपनी संकीर्ण सोच को समाप्त करके मानवतावादी सोच का विकास करना होगा तथा राष्ट्रीय हितों को सर्वोपरि महत्व देना सीखना होगा। द्वापर में भी श्रीकृष्ण तो एक ही था, परन्तु सारे समाज ने उसका अनुसरण करके एक स्वर्णिम युग का निर्माण किया। आज भी एक महान व्यक्तित्व के रूप में योगीराज आदित्यनाथ हमारे समक्ष है, परन्तु आवश्यकता है कि सम्पूर्ण समाज इस महान व्यक्तित्व का अनुसरण करते हुए एक स्वर्णिम युग के निर्माण में अपनी भूमिका ना केवल तय करे, अपितु पूर्ण ईमानदारी व कर्तव्यनिष्ठा के साथ इस भूमिका को निभाये भी, तभी यह योगीराज भी सार्थक हो पायेगा।

जब किसी शक्तिशाली पुरुष की बात होती है तो सर्वप्रथम उसके हृष्ट-पुष्ट शरीर की छवि ही समक्ष आती है। हमारे सामने उस व्यक्ति का एक ऐसा चित्र आने लगता है, जिसमें उसके अंगों की सुडौलता दिखायी पड़ती है अर्थात किसी भी व्यक्ति के शक्तिशाली होने का प्रतीक उसके सुडौल शारीरिक अंग तथा उत्तम मानसिकता है। तब ऐसे में हम यह कैसे भूल जाते है कि ठीक इसी प्रकार एक शक्तिशाली राष्ट्र के निर्माण के लिए भी मजबूत शारीरिक अंग अर्थात समाज तथा उत्तम मानसिकता अर्थात उत्तम

सामाजिक जीवन पद्धति व विचार बहुत आवश्यक हैं। दूसरे शब्दों में कहा जाये तो सशक्त समाज तथा परिपक्व सामाजिक मानसिकता ही किसी राष्ट्र को प्रगति व शक्ति के पथ पर लेकर चल सकते हैं और उससे भी आगे बढ़कर यदि महाशक्ति राष्ट्र के निर्माण का स्वप्न देखा जाता है तो आप स्वयं ही आंकलन कर सकते हैं कि उस स्वप्न की पूर्णता हेतु समाज को स्वयं में क्या परिवर्तन और कितनी परिपक्वता लानी चाहिए। हमें यह बात समझनी ही होगी कि यदि राष्ट्र को महाशक्ति के रूप में देखना है तो पहले स्वयं को महाशक्तिशाली बनाना होगा।

महाशक्ति राष्ट्र, अर्थात सम्पूर्ण विश्व में सर्वश्रेष्ठ राष्ट्र। अब स्वयं ही विचार करो कि सारे संसार में श्रेष्ठ राष्ट्र कैसा होना चाहिए। हमें यह भी देखना चाहिए कि वर्तमान समय में हम जिस राष्ट्र को महाशक्ति राष्ट्र कहते हैं, उस राष्ट्र का सामाजिक ढाँचा कैसा है, तभी हम उससे भी श्रेष्ठ समाज के निर्माण के पथ पर आगे बढ़ सकते हैं। श्रेष्ठ से भी आगे निकलना हो तो सर्वश्रेष्ठ बनना पड़ता है। अतः स्पष्ट है कि महाशक्ति राष्ट्र के निर्माण हेतु हमारे भारतीय समाज को श्रेष्ठ ही नहीं अपितु सर्वश्रेष्ठ बनना होगा। यह ही सत्य है कि अगर आपको विश्व को जीतना हो तो सर्वप्रथम स्वयं पर जीत प्राप्त करनी होगी तभी आप विश्व को जीतने की सामर्थ्य विकसित कर सकते हैं। जब हम सभी स्वयं पर, स्वयं की संकीर्णताओं पर जीत प्राप्त करना सीख लेंगे वास्तव में तभी हम सच्चे योद्धा बनकर सम्पूर्ण विश्व से ही संकीर्णताओं के विनाश का सफल प्रयास कर पायेंगे तथा विश्व विजेता बन पायेंगे। अतः पुनः यही बात कहना चाहूँगा कि अब तक जो भी दंगे-फसाद, लड़ाई-झगड़े हो चुके हैं, उनको भुलाकर अब स्वयं की कमियों को समाप्त करते हुए पुनः राष्ट्र निर्माण के महायज्ञ में आहूति रूप में

अपने-अपने संकीर्ण विचारों को जला डालें, तभी एक सशक्त महाशक्ति राष्ट्र का निर्माण सम्भव है।

सत्ता पर दोष मढ़ने वाली,
जनता स्वयं को भी तो देखे।
बात-बात पर उबल उठते हैं,
आग लगाते, पत्थर फेंके।।

योगीराज तब होगा सार्थक,
जब, सब उसका अनुसरण करें।
अपनी भूल को सभी सुधारें,
समाज में अब परिवर्तन करें।।

महाशक्ति अगर बनना है तो,
महाशक्ति स्वयं बन जाओ।
विश्व विजेता अगर बनना है तो,
स्वयं को योद्धा पहले बनाओ।।

आपस में लड़ना अब छोड़ो,
आपस में लड़ना बहुत हो चुका।
स्वयं के अन्दर है जो कमियाँ,
स्वयं ही उनका संघार करें।।

कालचक्र की............
योगीराज फिर..........

महाशक्ति राष्ट्र तथा सशक्त समाज की परिकल्पना तो प्रत्येक भारतीय करता है, परन्तु यह परिकल्पना व्यक्ति के अन्दर ही दम तोड़ देती है। क्योंकि आज भी सत्य तो यही है कि समाज की मानसिकता राष्ट्रीय भावना के साथ उतनी मजबूती से नहीं जुड़ पायी है जितनी मजबूती से जुड़नी चाहिए थी। ऐसी अवस्था में अनेकों बार यह देखने में आता है कि कोई भी स्वार्थी नेता समाज में थोड़ा सा जहर फैलाता है और उस जहर के प्रभाव में सारा ही समाज आ जाता है। यहाँ पर उस स्वार्थी नेता का दोष तो स्पष्ट नजर आता है, परन्तु उसके जहर भरे बोलों या कर्मो से प्रभावित होकर स्वयं ही उस जहर को फैलाकर और फिर स्वयं ही उस जहर भरे वातावरण में घुटने वाले समाज का क्या दोष नहीं होता? वास्तविकता तो यही है कि उस स्वार्थी नेता से कहीं अधिक दोष तो समाज का होता है जो उसके उगले हुए जहर को सर्वत्र फैलाता है। इसीलिए सामाजिक मानसिकता के परिवर्तन पर मैं बारम्बार बल देता हूँ लेकिन मेरे इन शब्दों का "स्वार्थी नेता से अधिक समाज दोषी है"। यह तात्पर्य बिल्कुल नहीं है कि वह स्वार्थी नेता पूर्णतः दोषमुक्त है बल्कि यह अति आवश्यक है कि उस प्रत्येक नेता को अब अपने स्वयं के चरित्र का मनन करना चाहिए तथा अपने अंदर निहित समस्त संकीर्णताओं को समाप्त करना चाहिए क्योंकि परिवर्तन के इस युग में वही पुरानी बंदरबाट वाली तुम्हारी नीति और अधिक नहीं चल पाएगी। यह सत्य अब सर्वसमक्ष होता जा रहा है तथा जनता इस सत्य को अब समझने भी लगी है कि जो नेता वोटों के ध्रुवीकरण के लिए स्वयं तुष्टिकरण की अमर्यादित नीति अपनाकर स्वयं के स्वार्थ साधते हैं, वही नेता राष्ट्रीय हितों के लिए कार्यरत नेतृत्व पर ध्रुवीकरण का झूठा आरोप लगाते नहीं थकते। वर्तमान योगीराज यह स्पष्ट कर रहा है कि इस शासन में

किसी भी नागरिक के साथ पक्षपात का कोई स्थान नहीं है। अतः इस योगी के राज में जब पक्षपात का कोई स्थान नहीं है। अतः इस योगी के राज में जब पक्षपात का कोई स्थान ही नहीं है तो दंगों व तुष्टीकरण का कोई सवाल ही नहीं उठता।

इस सबके बावजूद कुछ अपवाद भी समक्ष आये हैं, परन्तु अपवाद रूप में जो इक्का-दुक्का दंगे समक्ष आये हैं या कुछ अप्रिय घटित हुई भी है तो उस पर यदि गम्भीरता से विचार किया जाये तो यह ही बात सामने आती है कि कहीं ना कहीं पूरी की पूरी कार्यप्रणाली में बड़े स्तर पर परिवर्तन होना शुरू हुआ तो कुछ स्वार्थी नेताओं तथा उन्हीं के लिए कार्य करने वाली प्रशासनिक मशीनरी के ही कुटिल दिमाग ने योगीराज पर प्रश्नचिन्ह लगाने के लिए इस प्रकार के दुष्कृत्य को प्रोत्साहित करने का कार्य किया। वह पूर्व सरकारें जो आज योगीराज में षडयन्त्र रूप से करवाये गये दंगों को बड़े उत्साह के साथ प्रचारित-प्रसारित करने में लगी हुई है। शायद अपने शासनकाल में हुए रिकार्ड तोड़ दंगों को विस्मृत कर चुकी हैं और उन्हें एक-दो दंगों के होने पर या यूँ कहा जाये कि षडयन्त्र रूप में हुए इन दंगों का दोष योगीराज के सिर मढ़कर वह शायद इस योगी को दंगाबाज घोषित करना चाहते हैं। परन्तु उन सभी से यह अवश्य कहना चाहूँगा कि इस प्रकार की शर्मनाक हरकतें करने से पूर्व एक बार अपने स्वयं के ही गिरेबॉ में झाँककर देख लेना चाहिए और यदि बिसाहड़ा, कवाल, दादरी जैसे दंगे आँखों के समक्ष आ जाये तो इस योगी पर दंगों की राजनीति करने वाले शर्मनाक व झूठे आरोप लगाना बंद कर दें। क्योंकि जो लोग योगी आदित्यनाथ के शासन पर दोषारोपण कर रहे हैं, सत्य तो यह है कि उनके स्वयं के राजनीतिक संगठनों का सफर तुष्टिकरण व दंगों के इतिहास की कब्र पर बैठकर यहाँ तक पहुँचा है। ऐसी

अवस्था में योगीराज को कोसने से पूर्व हजार बार स्वयं को तथा स्वयं के संगठन के इतिहास को कोसना अवश्य चाहिए।

परिवर्तन की बात चली है तो अब प्रत्येक राजनीतिक संगठन को यह बात स्पष्ट रूप से समझ लेनी चाहिए कि अब तक आप भले ही अनेकों तिकडमे लडाकर सत्ता पर काबिज होते रहे हो, परन्तु अब परिवर्तन की बयार समाज में बह रही है। अतः सभी राजनीतिक संगठनों को भी अब अपनी कार्यप्रणाली, अपने संगठनात्मक ढाँचे व अपने आन्तरिक प्रशासन की तानाशाही प्रवृत्ति व परिवारवादी सत्तात्मक रवैये में परिवर्तन करना चाहिए। यह गत चुनावों में स्पष्ट भी हो गया है कि यदि अपने संगठन में पर्याप्त परिवर्तन ना किये तो आप कितना भी काम करने का दम्भ भर लें। यह जनता आपको सत्ता नहीं सौपेंगी। क्योंकि जनता को राजाओं तथा परिवारों की नहीं अपितु युग प्रवर्तक विकास पुरुषों की आवश्यकता है। जनता अब इस सार्वभौमिक सत्य को स्वीकार करने लगी है कि समाज को कोई भी राजा अथवा राज परिवार विकास पथ पर लेकर नहीं जा सकता, अपितु एक विकास पुरूष नेतृत्व ही सही मायनों में समाज में परिवर्तन भी ला सकता है तथा समाज व राष्ट्र को विकास पथ पर लेकर भी चल सकता है।

वोटों के ध्रुवीकरण हेतु,
जो दंगे स्वयं कराते हैं।
दंगों के वही रिकार्डधारी,
योगी को दंगाबाज बताते हैं।

दोष पर दोष गिनाने वालो,
पहले स्वयं ही सोचो तो।
योगीराज को कोसने वालो,
स्वयं को भी तुम कोसो तो।।

बहुत हो चुकी तिकडमबाजी,
परिवर्तन की बयार है यह।
नेतृत्व में हुआ परिवर्तन,
समाज की नई बहार है यह।।

बहुत ढूँढ़ते कमियाँ तो तुम,
दोषारोपण भी बहुत हुआ।
आओ चले एक नवीन राह पर,
स्वः परिवर्तन एक बार करें।।

कालचक्र की............
योगीराज फिर..........

यह ऐसा समय है जब एक अन्य दुःखद सत्य हमारे समाज के समक्ष स्पष्ट रूप से प्रकट होने लगा है और यह सत्य हमारे लोकतांत्रिक मूल्यों के लिए बहुत शर्मनाक है। मैं बात कर रहा हूँ, पक्ष तथा विपक्ष अर्थात सत्तापक्ष व विपक्ष के लोकतांत्रिक मूल्यों के लगातार गिरते स्तर की। वर्तमान समय ऐसा होता जा रहा है कि प्रत्येक मुद्‌दे पर अथवा प्रत्येक योजना व नीति पर सत्तापक्ष और विपक्ष में विवाद उठता है। सत्तापक्ष की प्रत्येक नीति का विरोध करना तो जैसे विपक्ष की मानसिकता सी बनती जा रही है। मैं यह नहीं कहता कि विपक्ष को मूकदर्शक बनकर बैठ जाना चाहिए, परन्तु इतना तो अवश्य कहूँगा कि सत्तापक्ष के प्रत्येक कार्य का विरोध करना विपक्ष के लोकतांत्रिक मूल्यों को कम करता है। विपक्ष लोकतांत्रिक शासन पद्धति की एक विशेषता है, एक मजबूत कड़ी है। परन्तु विपक्ष की भी एक विशेष भूमिका है, एक मर्यादा रेखा है। उस मर्यादा रेखा को जब भी विपक्ष लाँघता है तो उसका लोकतांत्रिक मूल्य गिरने लग जाता है। वास्तविकता में विपक्ष का होना इसलिए महत्वपूर्ण है कि यदि सत्तापक्ष द्वारा कोई लोक विरोधी कृत्य किया जाये तो विपक्ष उसका विरोध करे, परन्तु जब विपक्ष अपने अहं को पोषित करने के लिए सत्तापक्ष के सभी कार्यों, चाहे वह कार्य लोकहित के ही क्यों ना हो, सभी कार्यों का विरोध करने लगता है तब लोकतांत्रिक प्रणाली में विपक्ष का महत्व, विपक्ष का मूल्य गिरने लगता है। अतः विपक्ष को अपना महत्व बनाये रखने के लिए भी यह आवश्यक हो जाता है कि सत्तापक्ष के प्रत्येक कार्य को, प्रत्येक नीति को गलत बताने की अपेक्षा केवल लोक विरोधी नीति अथवा लोकविरोधी योजना या कार्यों का ही विरोध करना चाहिए। विपक्ष को प्रत्येक नीति के गुणदोषों का अध्ययन करने के पश्चात बड़ी निष्पक्षता से गुण व दोष दोनों को ही प्रकट करना

चाहिए। परन्तु पुनः स्पष्ट करूँगा कि प्रत्येक कार्य अथवा नीति का मात्र अपने राजनीतिक अहं की पुष्टि के लिए विरोध करना विपक्ष के मूल्य को गिराता है। अतः विपक्ष को आदर्श विपक्ष के रूप में स्वयं को साबित करने के लिए यह भी अति आवश्यक हो जाता है कि जिस ऊर्जा के साथ वह लोक विरोधी नीति का विरोध करता है, उसी ऊर्जा के साथ विपक्ष को लोक-कल्याणकारी नीतियों का समर्थन भी करना चाहिए तथा उन लोक-कल्याणकारी नीतियों के क्रियान्वयन में भी सकारात्मक भूमिका निभानी चाहिए, तभी लोकतांत्रिक प्रणाली में आदर्श विपक्ष की महत्ता प्रकट होगी।

दूसरी तरफ यदि विपक्ष राज्य की किसी भी लोक-कल्याणकारी नीति का विरोध कोई ना कोई बहाने बनाकर अर्थात तर्क-वितर्क करके करने लगे, जबकि वह भलीभांति जानता हो कि इस नीति से समाज का हित जुड़ा हुआ है तो यह पूर्णतया गलत है, परन्तु वर्तमान स्थिति यही बनती जा रही है। विपक्ष की मानसिकता ऐसी ही हो चली है कि वह उस लोक-कल्याणकारी नीति का भी विरोध मात्र इसलिए करने लगता है कि कहीं इस नीति के क्रियान्वयन से सत्ता पक्ष को राजनैतिक लाभ ना हो जाये। अपनी इसी ईर्ष्या व स्वार्थयुक्त संकीर्ण मानसिकता में वह उस नीति के क्रियान्वयन से सम्बन्धित लोक-कल्याण को पूर्णतः विस्मृत कर देता है, जिसका खामियाजा प्रत्यक्ष व अप्रत्यक्ष दोनों ही रूप में समाज को भुगतना पड़ता है तथा अन्ततः फिर बात वहीं पर आती है कि विपक्ष का मूल्य गिरता है। इस प्रकार के आदर्शहीन कृत्य करने वाला विपक्ष वास्तविकता में अपने ही स्वार्थी स्वभाव का परिचय देता है। ऐसा कार्य वही विपक्ष कर सकता है जिसने अपने सत्तापक्ष में रहने के समय पर स्वयं लोक विरोधी या सामाजिक भावनाओं के साथ पक्षपातपूर्ण व्यवहार किया होता है। इसके प्रत्यक्ष

उदाहरण हमारे समाज के समक्ष हैं, जो विपक्ष में बैठे हुए लोग आज योगीराज पर साम्प्रदायिकता, भेदभाव इत्यादि का आरोप लगाते नहीं थक रहे, वही लोग स्वयं के सत्तापक्ष में रहते हुए किस प्रकार अति की सीमा तक तुष्टिकरण की नीति में डूबे हुए थे। मुझे आश्चर्य होता है उन व्यक्तियों को समानता की बात करते देखकर, जिन्होंने अपने शासनकाल में सत्ता में बने रहने के लिए तुष्टिकरण को आँख बन्दर करके समर्थन दिया। मैं समानता का विरोधी नहीं हूँ, बल्कि मैं तो दिल से चाहता हूँ कि भेदभाव, छुआछूत, ऊँच-नीच, जातिवाद इत्यादि संकीर्णताओं का विनाश हो तथा समाज में समानता का प्रसार हो। परन्तु जब स्वयं समाज को बाँटने वाले इस प्रकार की बातें करते हैं तथा समाज को बाँटने का आरोप दूसरों पर लगाते दिखते है तब मुझे बड़ा आश्चर्य होता है। यह बिल्कुल ऐसा होता है कि जैसे कोई गधा शेर की खाल ओढ़कर, शेर बनने का प्रयत्न करता है, परन्तु ठीक उसी प्रकार उसकी बातों को सुनकर समाज उसका सत्य समझ जाता है, जिस प्रकार कि गधे को बोलने पर उसका सत्य सामने आ जाता है। अतः प्रत्येक राजनीतिक व्यक्ति से मैं यह आशा इस समय करता हूँ जबकि परिवर्तन की दिशा में समाज बढ़ चला है कि अब आपको भी अपने दोगले व्यक्तित्व का त्याग करके एक नयी राह पर चलने का प्रयास आरम्भ कर देना चाहिए। मेरा तात्पर्य यह है कि अब हम सभी को ही अपने व्यवहार को लेकर पुनः विचार करना ही होगा तथा अपने समाज तथा राष्ट्र के हित में उचित को उचित कहना तथा स्वीकार करना भी अब हमें सीखना होगा, तभी अपने देश और समाज की दिशा तथा दशा में परिवर्तन हो सकेगा। इसीलिए पक्ष-विपक्ष के सभी जन-प्रतिनिधियों के साथ ही साथ प्रत्येक नागरिक को भी अब अपनी सोच को एक नई दिशा प्रदान करनी

होगी तथा अपने व्यवहार को राष्ट्रहित में परिवर्तित करना होगा तभी अपने इस महान देश की दशा में परिवर्तन हो पाएगा।

यहाँ दिखता है अलग करिश्मा,
पक्ष-विपक्ष में ठनी हुई है।
सब कार्यों का विरोध है करना,
विपक्ष की मानसिकता बनी हुई है।।

उचित व लोकहित के,
सभी कार्यों को दो समर्थन।
बस लोक विरोधी नीति का विरोध हो,
ले आओ केवल यह परिवर्तन।।

इससे भी आगे बढ़कर,
अवरोधक बन जाते हैं।
तुष्टिकरण पर चलने वाले,
संशोधक बन जाते हैं।।

पुनः विचार करना होगा,
तभी दशा व दिशा बदलेगी।
बदलना ही है जो राष्ट्र रूप,
मिलकर पुनः विचार करें।।

कालचक्र की.............
योगीराज फिर...........

यहाँ बात की गयी है स्वयं में परिवर्तन की, स्वयं के विचारों में, स्वयं की आस्थाओं में, स्वयं के व्यवहार में परिवर्तन की। अब मानव स्वभाव के अनुसार स्वयं में किसी भी प्रकार का यह परिवर्तन को प्रत्येक मानव स्वयं के दोषों को स्वीकारने, उसके पश्चात उसमें परिवर्तन से सम्बन्धित समझता है जो कि सत्य भी है। सत्य इसलिए क्योंकि यदि हम अपनी कमियों को, अपने दोषों को स्वीकार करेंगे तभी हम स्वयं को बदल सकते हैं, परन्तु वास्तविक समस्या ही यहीं पर सामने आती है कि अपने दोषों को स्वीकार कौन करें? समाज में अधिकांश व्यक्ति परिवर्तन के इच्छुक होते हैं, परन्तु स्वयं के दोषों को स्वीकार करना उन व्यक्तियों के स्वभाव में नहीं है। उनके अनुसार या सामाजिक मानसिकता के अनुसार स्वयं के दोषों को स्वीकार करना अर्थात स्वयं की हार स्वीकार करना, पराजय स्वीकार करना और यह भी एक सामाजिक मानसिकता बन चुकी है कि कोई भी व्यक्ति अपनी हार स्वीकार नहीं करना चाहता। अतः वह और सम्पूर्ण समाज ही हार-जीत की इस मानसिकता के जाल में फंसकर स्वयं का और समाज का भी परिवर्तन नहीं कर पाता है। जबकि समाज के प्रत्येक व्यक्ति को यह समझना होगा कि यहाँ बात हार और जीत से आगे राष्ट्र-समाज तथा मानवीय विकास की है और यह हार अथवा जीत किसी दूसरे व्यक्ति के साथ नहीं बल्कि स्वयं के साथ अर्थात स्वयं से ही है। यदि आप स्वयं के ही अन्दर छिपे अवगुणों को स्वीकार करते हैं तथा उन्हें त्याग कर सद्गुणों की तरफ बढ़ते हैं तो सच्चे अर्थो में आप हारकर भी जीत गये हैं। यहाँ पर व्यक्ति ने स्वयं में ही निहित संकीर्णता को हराया है तथा स्वयं की ही अच्छाईयों को आगे बढ़ाया होता है। यही सर्वविदित सत्य भी है कि यदि आपको कोई भी युद्ध जीतना है तो सर्वप्रथम स्वयं को हारना अर्थात स्वयं की

जान की बाजी लगाकर रणक्षेत्र में उतरना ही पड़ता है तभी आपकी विजय का मार्ग प्रशस्त हो सकता है। इसके विपरीत यदि आप युद्ध-क्षेत्र में जाने से पहले ही हार से डर रहे है तो आपकी विजय की कोई सम्भावना भी शेष नहीं रहती है। अतः यह स्पष्ट है कि राष्ट्र व समाज की स्थिति में परिवर्तन करने के लिए व्यक्ति की स्थिति में परिवर्तन आवश्यक है तथा व्यक्ति की स्थिति में परिवर्तन के लिए उस व्यक्ति की मानसिकता में परिवर्तन की आवश्यकता है। इसके उपरान्त वह बात सामने आती है कि स्वयं को हारते हुए, स्वयं में परिवर्तन नहीं कर सकता है जो स्वयं से बढ़कर समाज व राष्ट्र के हित हेतु सच्चे अर्थो में जागृत हो तथा वह अपने राष्ट्र से सच्ची प्रीत रखता हो। यह परिवर्तन अथवा हार जीत का व्यक्ति के अन्तर्निहित चलने वाला युद्ध, आवश्यक नहीं कि मात्र आम नागरिकों तक ही सीमित हो, यह स्वयं की हार स्वीकार करके स्वयं ही की जीत की राह पर चलने का सफर प्रत्येक आम और खास जनों के लिए हो तभी वास्तविक परिवर्तन की क्रिया आरम्भ हो पायेगी।

एक तरफ हम, हमारा नेतृत्व व हमारा समाज परिवर्तन की बात करता दिखायी देता है तो दूसरी तरफ हम सभी आज भी आरोप-प्रत्यारोप में फँसे हुए हैं। आज भी हमारे समाज की ही नहीं नेतृत्व करने वालों की भी मानसिकता खाने-पीने-पहनने तक जैसे सामान्य से मुद्दों में ही उलझकर रह गयी है। आज भी समाज की मानसिकता यह है कि भगवा वस्त्रधारी यह सन्यासी योगी को मुख्यमंत्री के रूप में देखकर आग बबूला हो रहे हैं। इनका खून बारम्बार उबलने लगता है। ऐसी मानसिकता वाले प्रत्येक राजनैतिक व्यक्ति को योगी आदित्यनाथ का सिर्फ यह भगवा चोला दिखायी दे रहा है। परन्तु सत्ता की लोलुपता के कारण उनकी निगाहें शायद

इस योगीराज आदित्यनाथ के वास्तविक व्यक्तित्व को देख ही नहीं पा रही है। ऐसे किसी भी व्यक्ति की नजर अथवा यह समझिए कि ऐसे व्यक्तियों का नजरिया ही इतना संकीर्ण है, इतना छोटा है कि वह देख ही नहीं पा रहे उस विशेषता को, जिसकी जरूरत युगों से थी। आज अध्यात्म व सत्ता का जो संयुक्त रूप हमारे सामने है उसी रूप की आवश्यकता बहुत समय से निरन्तर महसूस की जाती रही है। इतिहास गवाह है कि इसी बसन्ती चौले के गीत गाते-गाते, हँसते-हँसते कितने ही वीर क्रांतिकारी अपने जीवन का बलिदान कर गये। आज जब वह बसन्ती चौला पुनः उसी राष्ट्रवाद की पवित्र भावना के साथ प्रकट हुआ है तो क्यूँ कुछ राजनीतिज्ञों का खून खौलने लगा है?

इस प्रकार भगवे चौले पर उद्वेलित होना इसी बात का संकेत देता है कि ये स्वार्थी राजनीतिज्ञ किसी भी प्रकार से ना तो बसन्ती चौले को सहन कर पाते हैं और ना ही बसन्ती विचारधारा से। इस बसन्ती चौले से मेरा तात्पर्य मात्र वस्त्रों से नहीं है अपितु यह तो एक संयोग है कि बसन्ती विचारधारा वाला ही कोई व्यक्ति संयोगवश बसन्ती चौला धारण करके ही हम सभी के समक्ष पूर्ण वेग व शौर्य के साथ आया है। यह वेग, यह साहस, यह राष्ट्रवाद, यह शौर्य व यही स्वयं की जान से बढ़कर राष्ट्र के प्रति प्रेम व कर्तव्यनिष्ठा, यही तो वह सभी गुण हैं जो इतिहास में उन वीर क्रांतिकारियों के व्यक्तित्व में स्पष्ट रूप से दिखते थे, जिन्होंने इस राष्ट्र के लिए अपने जीवन का प्रत्येक क्षण दिया व अपने प्राण भी हँसते-हँसते कुर्बान कर दिये। आज यदि किसी व्यक्ति में वही बसन्ती व्यक्तित्व प्रकट होता दिख रहा है तो अब यह हम सभी की, सारे ही समाज की जिम्मेदारी है कि अब हम सभी उन वीर क्रांतिकारियों की अभिलाषा की पूर्ति हेतु स्वयं के स्वार्थ का त्याग

करते हुए इस बसन्ती चौले को धारण करें, अर्थात सम्पूर्ण भारतीय समाज को अब निज स्वार्थो का त्याग करके राष्ट्रवादी विचारधारा को अपनाना चाहिए तथा अपने वीर क्रांतिकारियों के स्वप्न के अनुरूप एक महाशक्ति राष्ट्र का निर्माण अवश्य करना चाहिए।

जीत-हार की बात नहीं है,
बात हारकर जीत की है।
स्वयं को हारकर जीत मिलती,
बात सच्ची प्रीत की है।।

किसी को दिखता भगवा चौला,
कितनो का ही रक्त है खौला।
अध्यात्म के हाथ में सत्ता,
आज रंगा वो बासन्ती चौला।।

वीर क्रांतिकारी जिसके,
गीत दिलों से गाते थे।
इसी बासन्ती चौले की तो,
बातें वो कर जाते थे।।

आज मिला है, वही बासन्ती,
वही चौला तो आया है।
इस चौले को आज पहनकर,
महाशक्ति राष्ट्र तैयार करें।।

कालचक्र की.............
योगीराज फिर...........

मेरे अन्तर्मन में, उस समय जब मैं किसी व्यक्तित्व पर लिखता हूँ तो कई बार यह प्रश्न स्वतः ही उठ जाता है कि अनेकों ऐसे भी लोग होंगे, जो मेरी इस व्यक्तित्व की प्रशंसा को व्यक्ति की प्रशंसा समझते हुए, शायद मुझे पक्षपाती कवि या लेखक समझ सकते हैं। परन्तु यह एक अनन्य सत्य है कि यदि कोई कवि अथवा लेखक किसी व्यक्ति या सत्ता का चाटूकार बन जाये तो उसका काव्य या लेखन अपना औज खो देता है। अतः स्पष्ट शब्दों में कहूँ तो मेरा लेखन किसी भी निर्धारित व्यक्ति, शासक अथवा शासन का प्रशन्सक कदापि नहीं है। परन्तु मेरा काव्य व लेखन अन्य आदरणीय कवियों के समान अति कठोर भी नहीं है। वास्तव में मेरा काव्य-लेखन राष्ट्र-समाज व मानवता के हित से सम्बन्धित है। यदि कोई भी व्यक्ति-व्यक्तित्व, सत्ता-शासक या संगठन राष्ट्रहित-समाजहित तथा मानवता के विकास से सम्बन्धित कार्य करता दिखता है तो उसकी प्रशन्सा करना किसी भी प्रकार से अनुचित नहीं हो सकता। दूसरी तरफ राष्ट्र विरोधी-समाज को तोड़ने वाले कार्य करने वाले प्रत्येक व्यक्ति-व्यक्तित्व, सत्ता-शासक की निन्दा करना भी अनुचित नहीं हो सकता है।

वह कोई भी हो, जो प्रशंसा के योग्य कार्य करता हो उसकी प्रशंसा होनी चाहिए तथा जिसके कार्य लोक-विरोधी व स्वार्थयुक्त हों उसकी निन्दा भी होनी चाहिए तभी लोक-हितैषी को प्रोत्साहन मिलता है व लोक-विरोधी को अपने अवगुणों का भान होता है। यह अपना व्यक्तिगत विचार हो सकता है कि कौन व्यक्ति हंस के दूध और पानी को पृथक-पृथक कर देने की विशेषता को गुण के रूप में देखता है अथवा अवगुण के रूप में और यह भी सत्य ही है कि हंस का विरोध कितना भी होता रहे वह सदैव दूध और पानी को अलग-अलग करता ही रहा है तथा सदैव करता

रहेगा। मुझे इस बात की परवाह कभी नहीं रही कि मेरे लेखन के प्रति लोगों के विचार सकारात्मक अथवा नकारात्मक, कैसे होंगे, परन्तु इस बात के प्रति मैं सदैव सजग रहता हूँ कि मेरा लेखन किसी भी प्रकार से राष्ट्रहित, सामाजिक हित व मानवता से जुड़ा रहे। मेरा लेखन सदैव राष्ट्रहित का प्रहरी बनकर समाज व नेतृत्व को झकझोरता रहे, जगाता रहे तथा मानवता का पक्षधर बनकर प्रत्येक मानव को मानवीय संवेदनाओं से परिचित कराता रहे। मेरा सदैव यह प्रयत्न रहता है कि पक्षपाती चाटूकार बनकर नहीं अपितु निष्पक्ष प्रशंसक बनकर लिखता रहूँ। मेरा लेखन सदैव निष्पक्ष आकाश बनकर उचित व अनुचित की निन्दा भी करता रहे। अब यह प्रत्येक व्यक्ति का निज विवेक है कि वह मेरे लेखन को क्या समझता है, परन्तु मैं यह आशा अवश्य करता हूँ कि योग्यता की प्रशंसा करने को किसी भी प्रकार से चाटूकारिता नहीं समझा जाना चाहिए। इसी के साथ यह भी स्पष्ट करना चाहूँगा कि मेरा लेखन किसी भी प्रकार से, किसी रूप में भी, किसी का कर्जदार नहीं है, किसी का बन्धुवा नहीं है। हो सकता है कि आज आपकी प्रशंसा हो रही हो, परन्तु कल यदि आपके कार्यो में कोई निन्दनीय गतिविधि आयी तो निःसंकोच रूप से आपको अपनी निन्दा भी सुननी होगी। मेरे लेखन की यह प्रशंसा और निन्दा कभी भी किसी व्यक्ति पर आधारित ना होकर व्यक्तित्व पर ही आधारित होती है।

मेरे शब्द तो हंस रूप हैं,
दूध और पानी अलग करें।
विरोध कोई नेता करे या,
विरोध सारा जग करे।।

मैं राष्ट्रहित का प्रहरी हूँ,
मानवता का पक्षधर हूँ।
मुझसे ना हो पक्षपात कभी,
मैं निष्पक्षता का अम्बर हूँ।।

करता रहूँ प्रशंसा योग्य की,
इसे चाटूकारिता मत कहना।
मेरे शब्द नहीं कर्जदार किसी के,
ना ही कोई इस भ्रम में रहना।।

प्रशंसा व्यक्ति की नहीं,
व्यक्तित्व की करता हूँ।
यही गुण अब सारा समाज,
मिलकर ही स्वीकार करे।।

कालचक्र की..............
योगीराज फिर............

अशांति, गुण्डागर्दी, भ्रष्टाचार इत्यादि अनेकों-अनेकों प्रकार की विकट समस्याओं से जूझ रहे वर्तमान युग को देखकर भगवान श्रीकृष्ण के युग का अहसास, उस युग की दुर्दशा का आभास अनायास ही होता चला जाता है। अवश्य ही इसी प्रकार की सामाजिक आपराधिक प्रवृत्तियाँ तथा उनके संरक्षक दुष्ट प्रवृत्ति के व्यक्ति बहुत अधिक हो गये थे, तभी उस योगीराज श्रीकृष्ण ने शान्ति के राज्य की स्थापना हेतु स्वयं ही आगे आकर पाप और पापियों, अपराध व अपराधियों का अन्त किया था। उस योगीराज श्रीकृष्ण और इस योगीराज आदित्यनाथ में क्रमशः प्रभुत्व और व्यक्तित्व का अन्तर स्पष्ट है, परन्तु इस प्रभुत्व तथा व्यक्तित्व के स्पष्ट अन्तर के पश्चात भी दोनों की युग स्थिति में अनेकों समानताऐं स्पष्ट नजर आती हैं। ऐसी ही युग स्थिति की समानताओं को समझने के लिए बारम्बार भगवान योगीराज श्रीकृष्ण के युग तथा उनके प्रभुत्व से अलग उनके व्यक्तित्व तथा उनके कार्यों, उनकी लीलाओं का वर्णन किया गया है। सर्वविदित सत्य है कि श्रीकृष्ण युग का आरम्भ शान्ति, समृद्धि, प्रेम, धर्म इत्यादि मानवतावादी श्रेष्ठ गुणों के साथ नहीं हुआ था। अपितु श्रीकृष्ण युग का आरम्भ ही समाज की अति दयनीय व विकट दुर्दशा के साथ हुआ था। यह वह युग था जब कंस, जरासंध, शिशुपाल जैसे दुष्ट आततायी शासक सत्ता पर काबिज थे तथा पूरी दुष्टता के साथ सम्पूर्ण मानव समाज का दमनव शोषण बड़ी निर्दयता के साथ किया जा रहा था। मानव समाज में सर्वत्र हाहाकार मची हुई थी। सर्वत्र त्राहिमाम-त्राहिमाम की करूण पुकार गूँज रही थी। ठीक उसी समय पर प्रभुत्व से अलग रखकर देखें तो भी एक महान व्यक्तित्व के रूप में श्रीकृष्ण ने अल्पायु से ही समाज की दुर्दशा को समझना तथा इस दुर्दशा का समाधान करना प्रारम्भ कर दिया था। योगीराज

श्रीकृष्ण के जीवन चरित्र को यदि ध्यान से देखा जाये तो उनके जीवन का आरम्भ ही सामाजिक मानसिकता के परिवर्तन के साथ ही हुआ था। ज्यों-ज्यों श्रीकृष्ण की जीवन यात्रा आगे बढ़ती गयी, त्यों-त्यों उनका समाज व सामाजिक मनोस्थिति में परिवर्तन लाने के प्रयास के साथ ही साथ अन्याय, अधर्म, अत्याचार को, अशान्ति को मिटाकर न्याय, धर्म व शान्ति के राज्य की स्थापना करने का महान लक्ष्य स्पष्ट होता चला जाता है।

अपने महान लक्ष्य की प्राप्ति हेतु उस योगीराज श्रीकृष्ण ने सब प्रकार से निरन्तर प्रयत्न किये। चूंकि इस योगीराज का लक्ष्य समाजहित से सम्बन्धित था, अतः लक्ष्य की पूर्णता हेतु अनेकों युद्धों के साथ ही महाभारत नाम के महायुद्ध तक से भी वह पीछे नहीं हटे और अन्ततः उन्होंने शान्ति के राज्य, धर्म के राज्य की स्थापना की। योगीराज श्रीकृष्ण के व्यक्तित्व की एक महान विशेषता यह भी रही कि सामाजिक जीवन जीते हुए, सांसारिक कार्यो में लिप्त रहते हुए भी वह पूर्णतः निर्लेप थे अर्थात किसी भी सांसारिक वस्तु के प्रति वह अनासक्त थे। यह काम, क्रोध, लोभ, मोह, अंहकार से पूर्णतः मुक्त तथा आसक्ति रहित जीवन ही उन्हें योगीराज के रूप में प्रतिस्थापित करता है। भगवान श्रीकृष्ण का सम्पूर्ण जीवन ही धर्म तथा अधर्म की व्याख्या करता है।

आज एक सम्प्रदाय को धर्म तथा दूसरे सम्प्रदाय को विधर्म बताने वाले प्रत्येक व्यक्ति से एक ही प्रश्न है कि योगीराज श्रीकृष्ण के युग में जब-जब धर्म तथा अधर्म के मध्य युद्ध हुआ तो उस समय वह कितने सम्प्रदायों के बीच होने वाला युद्ध था? - मेरे विचार से तो उस समय होने वाला प्रत्येक युद्ध मानवीय मूल्यों, मानवता के हितार्थ लडा गया था। योगीराज श्रीकृष्ण का जीवन चरित्र तो यही सार स्पष्ट करता है कि धर्म का सम्बन्ध किसी

सम्प्रदाय विशेष से ना होकर मात्र मानवीय गुणों से, मानवता से है। धर्म तथा अधर्म के मध्य मानवीयता तथा अमानवीयता का भेद ही श्रीकृष्ण का जीवन चरित्र बारम्बार समझाता है। यह योगीराज श्रीकृष्ण के मानवीयतापूर्ण व्यक्तित्व का ही प्रभाव था कि बड़े से बड़े दुष्ट व्यक्ति को भी उन्होंने सुधरने के लिए अनेकों अवसर प्रदान किये। यह अवसर इसलिए दिये गये कि वह दुष्ट व्यक्ति अपने अन्दर की अमानवीयता का अन्त कर मानवीयता को धारणकर ले। परन्तु इसके पश्चात भी कुछ ऐसे अहंकारी व हठी प्रवृत्ति के व्यक्ति हुए जिन्होंने इसे योगीराज श्रीकृष्ण की कमजोरी समझकर और भी अधिक अमानवीय कृत्य करने आरम्भ कर दिये। परिणामस्वरूप योगीराज को मानवता के उद्धार हेतु उन सभी आततायियों का अन्त करना पड़ा।

वर्तमान योगीराज भी मानवता की पुर्नःस्थापना हेतु, मानव समाज के निष्पक्ष विकासार्थ पूर्ण कर्तव्यनिष्ठता के साथ प्रयासरत है। अतः सम्पूर्ण समाज से यह आशा उचित ही है कि परिवर्तन के इन संकेतों को समझने का प्रयास करें तथा सामाजिक परिवर्तन के द्वारा महाशक्ति राष्ट्र के निर्माण का यह अवसर किसी भी रूप में व्यर्थ ना जाने दें।

शान्ति की स्थापना की थी,
जब वह कृष्ण आया था।
न्याय राज्य का निर्माता वह,
अन्याय को उसने मिटाया था।।

वह योगी था, योगीराज था,
युग स्वर्णिम निर्माता था।
धर्म-अधर्म के मध्य भेद,
प्रत्येक बार समझाता था।।

आततायी कितना भी बड़ा हो,
मौके अनेक दिये गये।
अहंकारी व हठी जनों के,
वध भी फिर किये गये।।

सुन लें जितने आततायी हैं,
मौके तुमको दिये जा रहे।
समझो इशारा, परिवर्तन लाओ,
व्यर्थ में ना बेकार करें।।

कालचक्र की............
योगीराज फिर..........

योगीराज शब्द को सुनते ही जो प्रथम छवि मन-मस्तिष्क में उभरकर आती है वह हजारों वर्ष पूर्व प्रकट हुए योगीराज श्रीकृष्ण की ही होती रही है। हजारों वर्षों के पश्चात अर्थात वर्तमान समय तक भी योगीराज की छवि मात्र उसी योगीराज श्रीकृष्ण की रही है। इसके अतिरिक्त इन हजारों वर्षों में इस भारत भूमि पर किसी अन्य योगी का राज नहीं आ पाया। यह इस पवित्र भूमि का दुर्भाग्य भी कहा जा सकता है कि एक योगी तथा एक राजा दोनों ही रूप में सम्पूर्ण जगत उस योगीराज श्रीकृष्ण से अनन्य रूप से लाभान्वित हुआ, इसके पश्चात भी किसी योगी को राजा बनाने में इस भूमि के निवासी संदेह करते रहे। यह सत्य सर्वस्वीकार्य ही है कि उस योगीराज श्रीकृष्ण की ख्याति चारों ही नहीं अपितु दसों दिशाओं में इस प्रकार से फैलती चली गयी कि हजारों वर्षो के उपरान्त आज भी उनके यश के समक्ष कोई अन्य खड़ा भी नहीं हो पाता है। उस योगीराज के प्रभु तत्व से अलग मात्र उनके व्यक्तित्व की भी बात करें तो भी उनके जैसा सम्पूर्ण व्यक्तित्व इन हजारों हजार वर्षों में पुनः प्रकट नहीं हो पाया है। जिस प्रकार सम्पूर्णता में कोई कमी नहीं रहती, तभी वह सम्पूर्णता होती है। ठीक इसी प्रकार सम्पूर्ण व्यक्तित्व भी तभी सम्पूर्ण कहलाता है जब उसमें कोई कमी ना हो। उस योगीराज श्रीकृष्ण के व्यक्तित्व की भी यही सम्पूर्णता थी कि उनके व्यक्तित्व में किसी भी प्रकार की कमी, कहीं पर भी नहीं थी। योगीराज श्रीकृष्ण एकमात्र रूप से सारे संसार के समक्ष एक योगी तथा एक राजा के रूप में महानता के शिखर पर विराजमान है। वह एक ऐसे योगी थे जिन्होंने एक राजा के रूप में कर्मयोग का ना सिर्फ उपदेश दिया, अपितु अपने जीवन चरित्र के द्वारा कर्म को ही योग के रूप में प्रतिस्थापित भी कर दिया। उस योगीराज श्रीकृष्ण ने सम्पूर्ण मानव

समाज को कर्मयोग का उपदेश देकर कर्मयोगी बना दिया तथा इसी कर्मयोगी समाज के साथ इस भारतवर्ष ने जगद्गुरू राष्ट्र की उपाधि प्राप्त की थी। उस योगीराज को नारायण का अवतार, इस जगतका पालनकर्ता, करूणानिधान ईश्वर का अवतार कहा जाता है, जो कि सत्य है। परन्तु पुनः कहना चाहता हूँ कि उस योगीराज श्रीकृष्ण के प्रभुत्व से अलग यदि हम मात्र उनके व्यक्तित्व का अनुसरण करने का प्रयास करें तो अवश्य ही महाशक्ति राष्ट्र के निर्माण की हम भारतीयों की अपूर्ण अभिलाषा पूर्ण हो जायेगी।

सहस्त्रों-सहस्त्र वर्ष हैं बीते,
योगीराज जब आया था।
सम्पूर्ण आर्यवृत्त में ही,
वह योगी तो छाया था।।

दसो दिशाओं में उसका,
सुयश था फैल रहा।
सम्पूर्ण व्यक्तित्व था उसका,
जरा भी ना मैल रहा।।

कर्मयोग का वह उपदेशक,
नारायण का अवतार था।
मुरली-मनोहर, कृष्ण-कन्हैया,
करूणानिधान-करतार था।।

सम्पूर्ण कलाओं-विधाओं संग,
व्यक्तित्व में आया था।
आओ पुनः उस सम्पूर्णता का,
उस व्यक्तित्व का ध्यान धरें।।

कालचक्र की..............
योगीराज फिर............

योगी शब्द का हमारे समाज द्वारा सामान्य बोलचाल की भाषा में एक सामान्य अर्थ आसन, व्यायाम इत्यादि तक ही सीमित है और शायद इसी संकीर्ण सोच से वह नेता भी ग्रसित होंगे, जो योगी सरकार के लिए 'बाबा की या सन्यासी की सरकार' जैसी बातें करते रहते हैं। मैं बार-बार योगीराज श्रीकृष्ण की तथा योगीराज आदित्यनाथ की बात सिर्फ इसीलिए करता हूँ कि यह योगीराज भी सामाजिक परिवर्तन का अभिलाषी है तथा उस योगीराज श्रीकृष्ण ने भी सामाजिक परिवर्तन के द्वारा ही इस भारतभूमि को जगद्गुरू बनाया था। उस योगीराज श्रीकृष्ण ने भी समाज की योगी के प्रति संकीर्ण सोच पर प्रहार करते हुए कर्मयोग का उपदेश दिया था तथा आज भी योगीराज आदित्यनाथ अट्ठारह से बीस घंटे तक निरन्तर व अथक रूप से कर्म करते हुए उसी कर्मयोग की श्रेष्ठ परिभाषा को सार्थक करते हुए ही दिखायी दे रहे है। यह सत्य है कि एक योगी की छवि सत्ताधीश के रूप में हमारे समाज द्वारा स्वीकार नहीं की गयी है। परन्तु एक अन्य सत्य यह भी सर्वसमक्ष प्रकट हो गया है कि समाज ने स्वयं स्वार्थी सत्ताधीशों को सत्ता से पृथक करके एक निःस्वार्थ योगी को सत्ता के सिंहासन पर विराजमान किया है। जब राजनीतिज्ञों को अनेकोनेक संकीर्णताओं ने जकड़ लिया और वें सभी राजनीतिज्ञ प्रजा का शोषण करने लगे, प्रजा को तुष्टीकरण की नीति के अन्तर्गत बाँटने लगे, प्रजा को बाँटकर उनमें भेदभाव करने लगे तब स्वयं प्रजा ने ही ऐसे संकीर्ण व भ्रष्ट मानसिकता वाले तुच्छ राजनीतिज्ञों को सत्ता से निर्वासित करके एक निष्पक्ष, निस्वार्थ कर्मयोगी को सत्ता की चाबी सौंपी है और सत्ता के सिंहासन पर योगी आदित्यनाथ के विराजने की घटना को ही मैं कालचक्र की पुनरावृत्ति से जोड़कर देख रहा हूँ। मुझे और समाज को भी यह आशा जगी है कि अब जबकि एक बार पुनः सत्ता की कमान एक

योगी के हाथों में आयी है तो अवश्य ही परिवर्तन होगा और यह परिवर्तन किसी सीमित दायरे में होगा, ऐसा भी नहीं है। यह परिवर्तन राज्य व समाज दोनों ही स्तर पर होगा अर्थात यह आशा उचित ही है कि इस योगीराज में राजनीतिक तथा सामाजिक दोनों ही स्तरों पर परिवर्तन अवश्य होगा और यह सम्भावित परिवर्तन जैसे ही व्यवहारिक रूप में प्रकट होना प्रारम्भ होगा, वैसे ही राज्य और समाज की प्रगति भी परिलक्षित होने लग जाएगी। इस प्रगति की प्रतीक्षा कर रहे सभी जनों को यह बात स्वयं भी समझनी होगी कि प्रगति के लिए परिवर्तन बहुत जरूरी है। परन्तु यह परिवर्तन मात्र राजनीतिक परिवर्तन तक ही सीमित रह जाए, तब जिस प्रगति की प्रतीक्षा समाज कर रहा है वह प्रगति सम्भव नहीं है। अतः समाज को यह समझना तथा स्वीकारना ही होगा कि निःस्वार्थ व कर्तव्यनिष्ठ नेतृत्व तो समाज ने चुन लिया है, परन्तु क्या समाज स्वयं की मानसिकता में भी परिवर्तन करने के लिए तैयार ह? क्योंकि मेरे विचारानुसार राज्य (सत्ता) तथा समाज दोनों ही प्रगति रथ के दो पहिए हैं, यदि दोनों ही पहिए उत्तम हैं तो प्रगति रथ निसन्देह आगे बढ़ेगा। इससे भिन्न यदि कोई भी एक पहिया बेकार हो जाये अथवा भ्रष्ट हो जाये तो प्रगति रथ का प्रगति पथ पर चलना अति दुष्कर हो जाता है। अतः सत्ता को योगी आदित्यनाथ के हाथों में सौंपने वाले समाज को अब स्वयं में भी आवश्यक सुधार करने होंगे। यदि समाज सभी प्रकार के संकोच को त्यागते हुए स्वयं में व्यवहारिक रूप से परिवर्तन लाने का प्रयत्न करे तो योगीराज के नेतृत्व तथा समाज के सहयोग से प्रगति का योग सम्भव हो जायेगा।

राष्ट्र के विकास हेतु उत्तर प्रदेश एक प्रयोगशाला के रूप में समक्ष है। अब यह समाज पर निर्भर करता है कि समाज निज

स्वार्थो को अधिक महत्व देता है अथवा राष्ट्र के विकास को। यदि आज आप सभी योगीराज पर विश्वास करते हुए तथा निज स्वार्थो को विस्मृत करके राष्ट्रीय हितों को महत्व देना प्रारम्भ करें तो निश्चय ही प्रदेश का सर्वांगीण विकास करने की क्षमता योगीराज आदित्यनाथ में है। हम सभी राष्ट्रहित की बात करते हैं, परन्तु दुःख बस यही है कि हम सिर्फ बात ही करते हैं। राष्ट्रहित के लिए हमें जो भी कुछ करना चाहिए वह हम कभी नहीं करते। क्योंकि उस समय हमारे समक्ष निज स्वार्थ और राष्ट्रहित में से किसी एक को चुनने का विकल्प होता है तथा हम प्रत्येक बार राष्ट्रहित से बढ़कर निज स्वार्थो को महत्व देते हैं। ऐसी संकीर्ण मानसिकता के साथ जीवन जीने वाले हम लोगों को क्या वास्तव में अधिकार है राष्ट्रहित की दुहाई देने का, या राष्ट्र की दुर्दशा के लिए किसी पर आरोप लगाने का, किसी को दोषी ठहराने का?

मेरी तो यही अभिलाषा है कि प्रदेश ही नहीं अपितु सम्पूर्ण राष्ट्र का प्रत्येक नागरिक अब राष्ट्रहित के हेतु जीवन जीना सीखे। यदि मात्र बातों से आगे बढ़कर हम सभी राष्ट्रहित के लिए जीवन जीने लग जाये तो निश्चय ही राज्य और राष्ट्र दोनों की प्रगति तीव्र गति से होने लगेगी। इसी क्रम में सर्वाधिक चेतनता की आवश्यकता उन लोगों को है, जो एक बहुत लम्बी समयावधि से सभी प्रकार के कुशासन को देख रहे थे, जिन्होंने एक लम्बे समय तक स्वार्थी शासकों को झेला है, और जो आज बहुत ही अल्प समयावधि में योगीराज से स्वर्णिम युग की माँग करते नहीं थक रहे। उन सभी भ्रष्ट नेताओं, दलों तथा प्रत्येक उस जन से जो बहुत लम्बे समय से लूट-खसोट में डूबे रहे, मैं यही कहना चाहूँगा कि अभी काफी समय है योगीराज के पास बहुत कुछ करने का

और आपने अभी से यह घोषणा करना कैसे प्रारम्भ कर दिया कि योगीराज विफल हो गया है?

मैं देख रहा हूँ उन साहसिक कार्यों को, जो राज्य व राष्ट्रहित में हैं तथा जिन कार्यों को करना तो बड़ी दूर की बात है, सोचने तक भी हिम्मत कोई भ्रष्ट, स्वार्थी, सत्ता-लोलुप नेता नहीं कर पाया, उन सभी राष्ट्रहित के कार्यों को योगीराज बड़े साहस के साथ किये जा रहा है। ऐसी अवस्था में योगीराज पर प्रश्न उठाने वाले प्रत्येक नेता, दल, संगठन अथवा जन को पहले स्व-आँकलन कर लेना चाहिए, यह मेरी एक शुद्ध नसीहत है। योगीराज के प्रत्येक कार्य का आप तीन स्तर पर आँकलन कर सकते हैं तथा स्वयं का भी, उन्हीं तीन स्तरों पर आँकलन करने के बाद योगीराज पर कुछ बोलने की बात सोचिए। प्रथम तो यह कि क्या यह कार्य राष्ट्रहित में है? और दूसरा, क्या तुमने इस कार्य को करने की हिम्मत की, और तीसरा, अपने तथा योगीराज के कार्यों का आँकलन इस स्तर पर भी करो कि किसका कार्य राष्ट्रहित की भावना से युक्त है तथा किसका कार्य स्वार्थहित की भावना से युक्त। आज यदि बात की जाये अवैध कब्जे हटवाने की तो स्वार्थी नेताओं, दलों, संगठनों व स्वार्थी जनों तक में इस बात को लेकर असंतोष व्याप्त हो चला है, परन्तु फिर भी, चाहे वह अपने दल का कार्यकर्ता है अथवा कोई अन्य सभी को अवैध रूप से किये गये कब्जे छोड़ने पड़ रहे हैं। योगीराज सत्ता का स्वार्थी नहीं अपितु कब्जों को पूर्व की सत्ता लोलुप सरकारों ने सत्ता बनाये रखने के लिए बने रहने दिया।-- अतः योगीराज पर तंज कसने वाले प्रत्येक नेता अथवा व्यक्ति को स्वःनिरीक्षण करके स्वयं पर ही नियंत्रण करना सीख लेना चाहिए, क्योंकि योगीराज आदित्यनाथ तो पूर्णरूप से निवृत्त है और वह लोग जो योगीराज के विरोधी हैं उन्हें भी यह

बात स्वीकार करनी चाहिए कि योगीराज ने जबरन सत्ता नहीं छीनी अपितु बहुमत से प्राप्त की है, अतः इस सत्ता को स्वीकार करो। यदि योगीराज का समर्थन नहीं करना तो मत करो परन्तु किसी भी प्रकार की अराजकता फैलाकर, उसकी नीतियों, कार्यों में व्यवधान भी मत डालो।

राज्य की कमान योगी के हाथ,
अब प्रगति योग अवश्य होगा।
राज्य विकास करने के बाद,
राष्ट्र प्रगति लक्ष्य होगा।।

परन्तु संदेश उन लोगों को,
जो उच्छल प्रवृत्ति वाले हैं।
स्वः नियन्त्रण करना सीखो,
योगी तो निवृत्ति वाले हैं।।

योगी जी को दी जो सत्ता,
उसको तुम स्वीकार करो।
स्वयं परिवर्तन दिखलायी देगा,
योगीराज पर एतबार करो।।

मेरा तात्पर्य बस यही है,
अराजकता मत फैलाओ।
राज जब पुनः योगी का है,
तो योगी-नीति स्वीकार करें।।

कालचक्र की.............
योगीराज फिर...........

वर्तमान समय में, जब कभी भी कोई राजनीतिक व्यक्ति या नेता योगी आदित्यनाथ के योगी होने पर तंज कसता है अथवा एक योगी की सत्ता संचालन की क्षमता पर संदेह करता हुआ दिखायी देता है, अथवा योगी आदित्यनाथ को एक साधारण अर्थात आम इंसान मानकर स्वयं को श्रेष्ठ राजनीतिज्ञ सिद्ध करने का प्रयास करता है, तब अनायास ही मेरा ध्यान द्वापर काल के ऐसे ही कुछ प्रकरणों पर जा टिकता है, जिनमें योगीराज श्रीकृष्ण को कभी छलिया कहा गया था, तो कभी साधारण ग्वाला बताकर उनकी राज क्षमता का उपहास उड़ाया गया था। परन्तु प्रत्येक प्रकरण में योगीराज श्रीकृष्ण ने बड़े शान्त स्वभाव के साथ कर्मयोग को महत्व देते हुए अपने कार्यों में निरन्तर लगे रहे तथा इसी निरन्तरता के परिणामस्वरूप एक ऐसा समय भी आया कि जब समस्त आर्यवृत्त ने यह स्वीकार कर लिया है कि योगीराज श्रीकृष्ण से श्रेष्ठ राजनीतिज्ञ, कूटनीतिज्ञ व युद्धनीतिज्ञ इस सम्पूर्ण धरा पर कोई भी नहीं है। अपने ऊपर किये जाने वाले प्रत्येक आक्षेप का उत्तर योगीराज श्रीकृष्ण एक आलौकिक मुस्कान के द्वारा ही दे देते थे। यह उनकी अद्‌भुत सहनशीलता ही थी कि स्वयं को दी जाने वाली सौ गालियाँ भी वह क्षमा कर देते थे। परन्तु साथ ही उनकी दण्डनीति भी स्पष्ट दिखायी देती है कि सौ गालियों तक क्षमा करने वाले यही श्रीकृष्ण मर्यादा की निश्चित सीमा को लाँघ जाने वाले प्रत्येक दुष्ट–आततायी को आर्यवृत्त के समस्त उदण्ड राजाओं से भरी सभा में, बिना कोई संकोच किये मृत्युदण्ड देने से भी पीछे नहीं हटते। --- यहाँ प्रसंगवश, योगीराज श्रीकृष्ण की जिस आलौकिक मुस्कान का वर्णन हुआ है, उसी से मुझे योगी आदित्यनाथ की मधुर मुस्कान का स्मरण हो आया है। मैं व्यक्तिगत रूप से तो इस मुस्कान को नहीं देख पाया हूँ, परन्तु अनेकों बार

समाचार चैनलों पर योगी आदित्यनाथ की इस मुस्कान तथा इस मुस्कान की गहराई में छिपे अनेकों उत्तरों को मैंने समझा है। मैं आभास करता हूँ उसी व्यक्तित्व को जो उन प्रश्नों का उत्तर शब्दों के द्वारा ना देकर, कर्मो के द्वारा देने का निर्णय करता है। अतः उस समय पर उस प्रश्न का उत्तर अपनी आलौकिक मुस्कान के द्वारा देता है।

वर्तमान समय में ऐसे अनेकोनेक राजनीतिज्ञ दिखायी दे रहे हैं जो योगी आदित्यनाथ की राजनीतिक क्षमताओं पर बारम्बार प्रश्न चिह्न लगाते रहते हैं। और प्रत्येक बार यह सिद्ध करने पर तुले रहते हैं कि उनके राजनीतिक कौशल के समक्ष योगी आदित्यनाथ का राजनीतिक कौशल किसी भी रूप में श्रेष्ठ नहीं है। परन्तु जब उन स्वः घोषित सर्वश्रेष्ठ राजनीतिज्ञों के अतीत का अध्ययन करता हूँ तो सभी में एक समानता दिखायी पड़ती है तथा वह समानता होती है उनकी जमीन से आसमान तक पहुँचने की एक समान राजनीतिक यात्रा। अपनी इस फर्श से लेकर अर्श तक पहुँचने की इस राजनतिक यात्रा में इन स्वार्थी राजनेताओं ने जिस प्रकार लोकतन्त्र को लूटतन्त्र में परिवर्तित कर दिया, यह सत्य है कि इस प्रकार लोकतन्त्र को लूटतन्त्र में परिवर्तित कर स्वयं के स्वार्थ साधने की योग्यता योगी आदित्यनाथ में जरा भी नहीं है, परन्तु यह स्पष्ट अवश्य करना चाहूँगा कि जिस प्रकार लोकतन्त्र को लूटतन्त्र बनाने की योग्यता आपके पास है, उसी प्रकार से लूटतन्त्र को समाप्त करने की तथा वास्तविक लोकतन्त्र की स्थापना की पूर्ण क्षमता योगीराज आदित्यनाथ में स्पष्ट दिखायी देती है।

जो लोग यह कहते हैं कि योगी आदित्यनाथ का शासन अच्छा नहीं है तो उनकी इस बात की सत्यता को भी स्वीकार किया जा सकता है, क्योंकि जिन लोगों की भलाई लूटतन्त्र में निहित थी

उनके लिए तो योगी आदित्यनाथ का शासन वास्तव में ही अच्छा नहीं है। जो लोग आज तक निज स्वार्थों की पूर्ति को सर्वप्रथम रखते हुए शासन करते रहे, जिन्होंने आज तक समाज को धर्म, सम्प्रदाय, जाति, भाषा इत्यादि के नाम पर बाँटते हुए संकीर्ण राजनीति की हो, वें लोग आज योगी आदित्यनाथ के निःस्वार्थ तथा निष्पक्ष शासन में घुटन सी महसूस कर रहे हैं। उन सभी स्वार्थी नेताओं में योगीराज को लेकर जो बेचैनी बढ़ती जा रही है, वह इसी बात की तरफ संकेत करती है कि कहीं ना कहीं एक डर उन सभी में जन्म भी ले चुका है तथा बढ़ता भी जा रहा है और वह डर कुछ और नहीं, बस यह है कि कहीं यह निःस्वार्थ व निष्पक्ष नेतृत्व उनके द्वारा किये गये पुराने कारनामों को सामने ना ले आये। योगी आदित्यनाथ से पूर्व भी विभिन्न राजनीतिक दलों की सरकारें बदलती रही है, परन्तु कभी इस प्रकार की बेचैनी विपक्ष में बैठने वाले दलों में दिखायी नहीं दी, क्योंकि शायद वें आश्वस्त थे कि उनके विरुद्ध कोई कार्यवाही करने की हिम्मत और साहस उस सत्तापक्ष में नहीं है क्योंकि नैतिक रूप से वह दल भी पाक-पवित्र नहीं है, लेकिन आज विपक्ष में बैठे सभी दलों की यह बेचैनी यह स्पष्ट कर रही है कि नैतिक रूप से ना तो योगी आदित्यनाथ में कोई कमी है तथा ना ही उनका शासन भ्रष्ट है। अतः इस योगीराज के शासन में राज्य में कोई भय हो अथवा ना हो परन्तु इन स्वार्थी राजनीतिज्ञों में भय का वातावरण अवश्य बना हुआ है।

जो लोग कहते हैं कि योगी शासन नहीं कर सकते, उन्हें यह सत्य स्वीकारना ही होगा कि वास्तविकता में तो शासक की प्रकृति ही योगी सन्यासी की भांति ही होनी चाहिए। यह शास्त्रविदित सत्य भी है तथा सामाजिक सत्य भी कि राजा को पक्षपात रहित, न्यायप्रिय, समानता की भावना, दया, करूणा, क्षमा इत्यादि सर्वगुणों

से सम्पन्न होना चाहिए। ऐसे सत्य को मस्तिष्क में रखते हुए यदि वर्तमान राजनीतिक नेताओं का आंकलन किया जाये तो भी योगी आदित्यनाथ ही सबसे आगे खड़े दिखायी पड़ते हैं। यह विचारणीय सत्य है कि वास्तविकता में तो यदि कोई शासक योगी प्रवृत्ति का हो तो वह स्वर्णयुग ला सकता है। परन्तु यदि योगी ही शासन की बागडोर अपने हाथों में ले ले तो शक-सन्देह करने का कोई कारण ही शेष नहीं रह जाता है। योगी आदित्यनाथ के मुख्यमंत्री के रूप में चयन को लेकर जो लोग आज योगी-साधक-सन्यासी-साधु-महात्मा इत्यादि होने की दुहाई दे रहे हैं, वे लोग स्वयं को स्वार्थी-सत्ता लोलुप-परिवारवादी-भ्रष्टाचारी-पक्षपाती-समाज विघटनकारी के रूप में कभी क्यों नहीं देख पाये? --- मुझे योगी आदित्यनाथ में योगी-साधक-सन्यासी-साधु- महात्मा, सब दिखता है, परन्तु स्वार्थ-सत्ता लोलुपता-परिवारवाद- भ्रष्टाचार-पक्षपात तथा समाज-विघटनकर्त्ता कहीं से भी दिखायी नहीं पड़ता है। अतः पुनः यही कहना चाहूँगा कि योगी के शासन पर प्रश्न उठाने वालों, सर्वप्रथम, स्वयं के चरित्र का मनन करो तथा स्वयं पर नियन्त्रण रखना सीख लो।

योगी आदित्यनाथ के योगी सन्यासी होने पर कुछ संकीर्ण मानसिकता वाले लोगों को चिन्ता हो सकती है। अन्यथा योगी आदित्यनाथ के शासन को ही हम वर्तमान परिस्थितियों में वास्तविक निःस्वार्थ व आदर्श शासन कह सकते हैं और यह सत्य तो सर्वविदित तथा सर्वस्वीकृत है कि किसी भी राज्य की उन्नति अति तीव्र गति से होती है यदि उस राज्य के शासक में सन्यासी के गुणों का समावेश हो। अतः अब जनता को समझना होगा तथा राष्ट्रहित

को ध्यान में रखते हुए योगीराज को स्वीकार करना चाहिए और योगीराज को पूर्ण समर्थन देना चाहिए।

लूटतन्त्र के बनकर मसीहा,
जो अर्श तक पहुँच गये हैं।
योगीराज ना बेहतर है जी,
निष्कर्ष तक पहुँच गये हैं।।

सत्य बात है, नहीं है बेहतर,
उनकी खातिर योगीराज।
क्योंकि डर है उनका स्वाभाविक,
खुलेंगे कारनामे सारे आज।।

यह योगी है, सन्यासी है,
इसको कोई स्वार्थ नहीं।
नर सेवा ही - नारायण पूजा,
इसे बढ़कर परमार्थ नहीं।।

सत्य कहूँ तो ध्यान धरो,
राष्ट्र प्रगति के लिए अब।
निःस्वार्थ जो हो, वह सन्यासी ही,
राष्ट्र अब स्वीकार करे।।

कालचक्र की...............
योगीराज फिर............

एक तरफ तो योगीराज को योगी व सन्यासी का शासन बतलाकर कुछ सत्ताच्युत नेता इस शासन को कमजोर बताने की कोशिश करते दिख रहे हैं, वहीं दूसरी तरफ कुछ संकीर्ण बुद्धि से युक्त नेता इस शासन को कट्टर हिन्दुत्व का समय बताने का प्रयास कर रहे हैं। अनेकोनेक कारण हो सकते हैं उनके इस प्रकार के आरोप लगाने के पीछे, परन्तु यह आरोप मात्र आरोप ही प्रतीत होते हैं, इनमें किसी भी प्रकार से सत्यता प्रत्यक्ष दिखायी नहीं देती। इसके उपरान्त भी योगीराज को श्रेष्ठ मानते हुए तथा इसका प्रशंसक होते हुए भी मैं यह अवश्य चाहूँगा कि यह योगीराज कभी भी पूर्व में सत्तासीन शासकों की भांति मूर्खतापूर्ण व संकीर्णतायुक्त कार्य ना करे। जिस प्रकार पूर्व में सत्ता सिंहासन पर बैठने वाले सत्ता लोलूप शासकों ने तुष्टिकरण तथा बँटवारे की राजनीति की है, योगीराज से मेरी यही अपेक्षा है कि आपके शासनकाल में इस प्रकार की तुष्टिकरण तथा बँटवारे की राजनीति कभी भी दिखायी ना दे। यह सर्व-समक्ष सत्य है कि योगीराज पूर्व की सरकारों की तुष्टिकरण व बँटवारे की राजनीति के विरुद्ध जनादेश के रूप में अस्तित्व में आया है। अतः योगीराज की सर्वप्रथम प्राथमिकता उस तुष्टिकरण तथा बँटवारे की राजनीति से बचना ही ना होकर उसे समूल नष्ट करने की होनी चाहिए। मेरी इस योगीराज से मात्र यही अभिलाषा है कि विरोधियों द्वारा लगाये जा रहे आरोपों के अनुरूप यह मात्र हिन्दू की सरकार ना बन जाये, अपितु यह सरकार एक निष्पक्ष वैरागी की सरकार बने। यह एक ऐसी सरकार के रूप में पहचानी जाये जो हिन्दुत्व के साथ अन्य विचारधाराओं को भी समानता की दृष्टि से देखे व व्यवहार करें। मेरी यह अभिलाषा है कि मैं इस योगीराज को सत्य, धर्म व समानता से परिपूर्ण देखता रहूँ।

यहाँ सत्य से मेरा तात्पर्य, सत्य की पक्षधर सरकार से है। फिर वह सत्य किसी भी सम्प्रदाय या वर्ग से सम्बन्धित हो। जहाँ सत्य प्रत्यक्ष हो वहाँ एक श्रेष्ठ शासक को कभी भी किसी भी प्रकार से पक्षपात नहीं करता। वह सदैव सत्य के पक्ष में निर्भीक होकर खड़ा होता है, तभी समाज में शासक की सत्यनिष्ठा स्थापित होती है। यह अटल सत्य है कि सत्य का त्याग करने वाले शासक की गरिमा धूमिल होती चली जाती है, वहीं सत्य की राह पर निष्पक्ष होकर चलने वाले शासक की राह अवश्य दुष्कर हो सकती है, परन्तु उसका जीवन चरित्र गरिमामय होता चला जाता है। ठीक इसी प्रकार शासक को धर्म का अर्थ किसी वर्ग से सम्बन्धित ना मानकर, धर्म के मर्म को समझते हुए प्रत्येक कार्य का संचालन करना चाहिए। यदि शासक किसी वर्ग अथवा सम्प्रदाय को धर्म के रूप में मानकर, उसके हितार्थ सत्ता का प्रयोग करने लगे तो वास्तव में वह शासक धर्म की वास्तविकता से अनभिज्ञ है, अथवा अल्पज्ञानी या मूर्ख है। जबकि धर्म को मर्म रूप से जानने वाला शासक ही वास्तव में जगत के कल्याण से युक्त भावों के साथ शासन करता है तथा प्रत्येक अधर्मी के हृदय में, चाहे वह अधर्मी किसी भी वर्ग–सम्प्रदाय से क्यों ना हो, उस महान शासक का भय विद्यमान रहता है। अतः योगीराज आदित्यनाथ से भी धर्म के मर्म को जानकर धर्म की रक्षा करने वाले शासन की आशा उचित ही है। सत्य और धर्म की वास्तविकता के साथ चलने वाले शासन द्वारा ही समानता की स्थापना की जा सकती है और योगीराज का सत्ता में आगमन भी इसी आशा में हुआ है।

योगीराज से ऐसी सभी आशाऐं की जा रही हैं, जिन्हें पूर्व की सरकारों ने सदैव तोड़ा है। मैं ऐसे सत्ताधीशों की बात कर रहा हूँ जिन्होंने आपराधिक पृष्ठभूमि वाले बाहुबलियों को ना सिर्फ

संरक्षण ही दिया अपितु उनके द्वारा अपने सत्ता के किले को सदैव ही अखण्ड बनाये रखने का भी प्रयास किया। अतः एक आशा यह भी बनी है कि इस योगी आदित्यनाथ के राज में कोई भी तथा कितना भी बड़ा बाहुबलि क्यों ना हो, यदि वह अपराधी है तो उसको किसी भी प्रकार से संरक्षण ना देकर, उसे दण्ड दिलाने का कार्य यह योगीराज करें। अपराध को नियंत्रित करने के लिए दण्डनीति का प्रयोग सुदृढ़ रूप से करना चाहिए तथा अपराध जन्म ही ना ले, इसके लिए आवश्यकता है आवश्यकतानुरूप रोजगार सृजन की। वास्तव में हमारे भारतीय समाज की एक सच्चाई यह भी है कि इसमें संयम व संतोष उचित रूप में आज भी विद्यमान है। यदि समाज को पर्याप्त रूप में रोजगार उपलब्ध हो जाये तथा उसकी रोटी, कपड़ा और मकान से जुड़ी रोजमर्रा की आवश्यकताएं पूर्ण हो जाये तो यह सत्य है कि कोई भी सज्जन व्यक्ति अपराधी बनने की राह कदापि नहीं चुनेगा। अतः योगीराज से जनता की यह आशा उचित ही है कि पर्याप्त रूप से रोजगार सृजन करके प्रत्येक व्यक्ति के रोजगार की व्यवस्था निश्चित रूप से हो तथा अपराध पर दृढ़ता के साथ प्रहार किया जाए।

योगीराज से यह आशा कि अपराध का समूल विनाश हो व शान्ति की स्थापना हो उचित ही है। परन्तु अपराध पर किया जाने वाला प्रत्येक प्रहार पूर्णतः निष्पक्ष होना चाहिए। इस प्रकार अपराध को समाप्त करने के इस अभियान में किसी भी प्रकार से धर्म-सम्प्रदाय इत्यादि के नाम पर शिथिलता नहीं होनी चाहिए। अपराधी, चाहे किसी भी वर्ग या सम्प्रदाय से सम्बन्धित हो उसके हृदय में योगीराज का भय सदैव रहना चाहिए तथा यह भय इतनी मात्रा में अवश्य हो कि वह कभी भी अपराध करने का साहस ही ना जुटा पाये। अपराध के विरुद्ध योगीराज की प्रत्येक कार्यवाही इस

प्रकार से संचालित हो कि आम जनता को उससे कष्ट ना हो तथा सज्जन व्यक्ति सुख-चैन का अहसास करें।

जनता को योगी आदित्यनाथ के शासन के द्वारा पुनः द्वापर वाला स्वर्णयुग लाने की आशा है और इस आशा के अनुरूप योगीराज अथक रूप से कार्यरत भी है, परन्तु यह सत्य जनता को भी स्वीकार करना चाहिए, खासकर उन लोगों को जो योगीराज के विरुद्ध है कि द्वापर वाला स्वर्णयुग सदैव योगीराज ही ला सकता है। अतः सभी जन योगीराज को स्वीकार करें तथा योगीराज के साथ चलें।

यह सत्ता हिन्दू की नहीं,
यह वैरागी की सत्ता हो।
सत्य, धर्म, समानता के,
यह अभिलाषी की सत्ता हो।।

आततायी, चाहे कोई भी हो,
बख्शा नहीं जाना चाहिए।
बेरोजगार को रोजगार मिले,
भूखे को खाना चाहिए।।

धर्म की रक्षा हो सब ओर,
पर, सम्प्रदायवाद समाप्त हो।
सज्जन को शुकून मिले अब,
दुष्ट दुर्गति को प्राप्त हो।।

द्वापर वाला युग आयेगा,
सभी की यह अभिलाषा है।
वह युग योगी ही लाता है,
योगी का सम्मान करे।।

कालचक्र की.............
योगीराज फिर...........

हम भारतीयों ने बहुत लम्बे समय से भारत में ऐसे शासन देखे हैं जो सदैव षडयन्त्रों की पृष्ठभूमि पर ही आगे बढ़ते रहे, परिवर्तित होते रहे या समाप्त होते रहे और आज भी जब लोकतंत्र होते हुए भी राजनेता अपनी विकृत मानसिकता के अधीन होकर अथवा यह कहें कि सत्ता स्वार्थ के अधीन होकर समाज को बाँटने हेतु तुष्टिकरण जैसे षडयन्त्र के अन्तर्गत शासन की शक्ति का प्रयोग करते हैं तो यह आश्चर्य नहीं होता कि समाज उसका विरोध नहीं करता और यह आश्चर्य इस कारण नहीं होता क्योंकि समाज षडयन्त्र की राजनीति में इस प्रकार रच-बस गया है कि जैसे गन्दगी में लथपथ को पशु हो। कीचड़ में लथपथ उस पशु को जिस प्रकार कीचड़ से घिन्न नहीं आती, ठीक उसी प्रकार की स्थिति आज भारतीय समाज की है, कितने भी षडयन्त्र भ्रष्ट नेताओं द्वारा किये जाये, समाज सभी को देखता है, समझता है, परन्तु कभी उसका विरोध नहीं करता। समाज देखता है प्रत्येक पथ भ्रष्ट नेता की संकीर्ण मानसकिता को और स्वीकार करता है उसकी इस संकीर्णता को भी। ऐसा नहीं है कि समाज को इस बात का भान नहीं है कि क्या उचित है अथवा क्या अनुचित है। समाज को प्रत्येक बात की पूर्ण जानकारी है, परन्तु कहीं ना कहीं समाज ने इस सबको स्वीकृत कर लिया है। इसे ही अपनी नियती समझ लिया है। आज तक जो कुछ भी सत्ता लोलुप नेताओं ने किया वह सब यह भारतीय समाज जानता है। यह जानता है कि स्वार्थी नेताओं की उस बाँट-बाँटकर लड़ाने वाली बंदरबाँट की राजनीति को, जिसमें एक बन्दर एक रोटी के एक छोटा तथा बड़ा, दो टुकड़े करता है तथा दो बिल्लियों को आपस में लड़ा-लड़ा कर वह रोटी स्वयं खाता रहता है। समाज यह बंदरबाँट की राजनीति करके समाज को लड़ाने व स्वयं की भूख मिटाने की नीति समझ चुका है

और शायद इसी समझ को दिखाते हुए आज समाज ने स्वार्थी बन्दरों को तुलाविहीन कर दिया है तथा वह तुला निस्वार्थ व्यक्तित्व को सौंप दी है।

दीर्घकाल के पश्चात आज एक निःस्वार्थ युग की शुरूआत हुई है और इस निस्वार्थ युग में यह आशा जगना स्वाभाविक ही है क्योंकि सत्ता सिंहासन पर कोई सत्ता लोलुप नेता नहीं बैठा है जो समाज को छोटे व बड़े टुकड़े में उलझाकर स्वयं की सत्ता प्राप्ति की भूख को मिटायेगा अपितु आज सत्ता सिंहासन ऐसे व्यक्तित्व के पास है जो निस्वार्थ है, निष्पक्ष है, कर्तव्यनिष्ठ है। पूर्व के सत्ताधीशों के चरित्र के पूर्णतः विपरीत चरित्र वाले इस योगी आदित्यनाथ के युग से समाज की दशा व दिशा, दोनों में ही परिवर्तन की राह बनती दिख रही है। सत्ता के ठेकेदार बनकर जब कुछ संकीर्ण मानसिकतधारी नेता समाज को बाँटने पर आ जाते हैं तब इसी समाज का वह तबका जो निज स्वार्थ से अधिक राष्ट्रहित को महत्व देता है, सत्ता को इन सत्ता लोलुप नेताओं से छीनकर एक योगी को सत्ता सिंहासन पर आसीन कर देता है और यह करिश्मा मात्र भारतीय समाज में ही हो सकता है। अन्यत्र कहीं भी ऐसा देखने को नहीं मिलता। शायद यही कारण है कि दुनिया भर की नजरें योगीराज पर टिकी हुई है तथा बड़े आश्चर्य से एक योगी की शासन प्रणाली की क्षमता को यह सम्पूर्ण दुनिया देख रही है। सम्पूर्ण संसार के लिए यह अवश्य ही आश्चर्य का विषय हो सकता है कि एक योगी, एक सन्यासी भला कैसे सत्ता संचालन कर सकता है। परन्तु वह प्रत्येक भारतीय जानता है, जिसने योगीराज श्रीकृष्ण को समझा है कि संसार में यदि कोई शासन सर्वश्रेष्ठ हो सकता है तो वह संसार में रहकर भी निर्लेपता की स्थिति में रहने वाले

व्यक्ति का शासन हो सकता है। अर्थात एक योगी - एक सन्यासी का शासन हो सकता है।

शासकों में वह शासक ही सर्वश्रेष्ठता प्राप्त कर सकता है जिसमें वैराग्य हो। ऐसे शासक का प्रत्येक निर्णय स्वार्थता से परे तथा निष्पक्षता से युक्त होता है और प्रत्येक वह निर्णय जो स्वार्थता से परे हो तथा निष्पक्षता से युक्त हो, श्रेष्ठ ही नहीं अपितु सर्वश्रेष्ठ होता है। ऐसा प्रत्येक निर्णय निःसन्देह रूप से लोक कल्याणकारी होता है। अतः मेरे विचारानुसार वैराग्य एक शासक का अथवा यह कहना उचित होगा कि एक सर्वश्रेष्ठ शासक का अति आवश्यक गुण है। अर्थात सभी भोगों, सभी पक्षों से आसक्ति रहित होते हुए जो समाज व राष्ट्र की सेवा के लिए शासन करे वही सर्वश्रेष्ठ शासक हो सकता है। इसी प्रकार वैराग्य के साथ जिन गुणों का होना एक शासक में आवश्यक है, उनमें दया, करूणा, विनम्रता, प्रेम इत्यादि प्रमुख हैं। इन समस्त गुणों वाला शासक ही निष्पक्ष व निःस्वार्थ शासन कर सकता है तथा पूर्ण निष्ठा से अपने कर्तव्यों का पालन कर सकता है और जहाँ तक योगी आदित्यनाथ के व्यक्तित्व का आंकलन करता हूँ तो यह योगीराज भी इन सभी गुणों से युक्त दिखाई देता है। अतः मैं इस योगीराज को अन्य से श्रेष्ठ मानता हूँ। .... इसके उपरान्त भी अनेकों-अनेक ऐसे भी व्यक्ति होंगे जो योगी आदित्यनाथ के इस योगीराज से असंतुष्ट होंगे अथवा उन्हें एक योगी सन्यासी के शासन पर सन्देह होगा। ऐसे अनेकोनेक व्यक्ति होंगे जो सोचते होंगे कि एक योगी किसी भी प्रकार से शासन का संचालन नहीं कर सकता है तो ऐसे प्रत्येक व्यक्ति से मेरा यही अनुरोध है कि वे बारम्बार योगीराज का आंकलन करें और अपने विचारों को व्यवहारिकता के अनुरूप स्थिति प्रदान करें।

वर्तमान सत्तालोलुपता के इस द्वेषयुक्त, षडयन्त्रयुक्त युग में, जब कोई भी निज स्वार्थों से ऊपर नहीं उठ रहा हो, तब ऐसे समय में सत्ता का एक निस्वार्थ योगी एक सन्यासी के हाथों में आना, वास्तव में समाज का सौभाग्य ही है। इसीलिए इसे कालचक्र की पुनरावृत्ति कहना किसी भी प्रकार से अतिश्योक्ति नहीं है।

बहुत देखी है षडयन्त्रकारी,
नेताओं की राजनीति तो।
बाँट-बाँटकर लड़ाने वाली,
बंदरबाँट की कूटनीति तो।।

अब बारी है निस्वार्थ युग की,
एक योगी की बारी है।
सन्यासी है सिंहासन पर,
चौंकी यह दुनिया सारी है।।

प्रत्येक निर्णय में वैराग्य हो,
सर्वश्रेष्ठ राजा का लक्षण है।
दया, करूणा, विनम्रता भी,
योगी के गुण विलक्षण हैं।।

योगीराज पर सन्देह जिनको,
वह पुनः पुनः विचार करें।
एक योगी ही, राज योग्य है,
सत्य को स्वीकार करें।।

कालचक्र की..............
योगीराज फिर............

राष्ट्रहित में योगीराज को इस बात का सदैव ध्यान रखना होगा कि कभी भी किसी प्रकार का भेदभाव कहीं पर दिखायी ना दे। क्योंकि जिस स्थान पर भेदभाव पाया जाता है उस स्थान पर समानता नहीं होती और जिस स्थान पर समानता नहीं होती, उस स्थान पर एकता नहीं हो सकती। बिना एकता के कोई भी समाज व राष्ट्र कभी प्रगति पथ पर नहीं बढ़ सकता। अतः मेरी यह अभिलाषा है कि कालचक्र की इस पुनरावृत्ति के फलस्वरूप आये इस योगीराज में भी उस द्वापर वाले योगीराज की भांति ही एकता की भावना प्रबल हो तथा यह समानता के द्वारा सम्भव हो पाएगा। अतः राष्ट्रीय एकता की भावना व सामाजिक समानता की स्थापना के लिए यह अति आवश्यक हो जाता है कि योगीराज में किसी भी प्रकार से भेदभाव का कोई स्थान ना हो। इस प्रकार, भेदभाव के समूल विनाश हेतु यह आवश्यक हो जाता है कि राज व्यवस्था, न्याय व्यवस्था व दण्ड व्यवस्था के क्रियान्वयन में सभी को समान दृष्टि से देखा जाये। किसी भी लोक कल्याणकारी योजना का निर्माण अपनी सत्ता संरक्षण की स्वार्थ भावना से ऊपर उठकर वास्तव में लोक कल्याण के लिए करना ही योगीराज की प्राथमिकता में होना आवश्यक है। क्योंकि आपसे पूर्व के सत्तालोलुप शासकों ने निःसंकोच होकर सत्ता संरक्षण की भावना के साथ लोककल्याण की प्रत्येक योजना में तुष्टिकरण की भावना का मिश्रण करके प्रत्येक योजना को लोककल्याण की योजना के विपरीत लोक विभाजन की योजना बनाया है। अतः आपको इस तुष्टिकरण, इस भेदभाव का समूल विनाश करते हुए प्रत्येक योजना का निर्माण समस्त नागरिकों के एक समान कल्याण हेतु करना होगा। इसी प्रकार से न्याय तथा दण्ड व्यवस्था में भी भेदभाव का परित्याग करके समान रूप से न्याय व दण्ड व्यवस्था सब पर लागू करनी होगी।

योगीराज को संकीर्णराज से पूर्णतः भिन्न मार्ग अपनाते हुए राष्ट्रीयहितों के प्रति विचारशील व कार्यशील प्रत्येक राष्ट्रप्रेमी को सम्मान देते हुए प्रत्येक राष्ट्रवादी सोच वाले नागरिक को साथ लेकर ही नवयुग के निर्माण के इस महायज्ञ में पूर्ण निष्ठा के साथ समर्पित होना होगा। समानता के साथ तथा भेदभाव रहित शासन की बात तो मैं करता ही हूँ, परन्तु किसी भी प्रकार से समाज व राष्ट्र के साथ, निज स्वार्थो के वशीभूत होकर दगा करने वाले दगाबाजों के साथ शिथिलता अपनाने का पक्षधर कभी भी नहीं हूँ, जिसने भी सत्ता का प्रयोग निजस्वार्थो की पूर्ति हेतु किया है तथा समाज व राष्ट्र को धोखा दिया है, उन सभी को सबक सिखाने का मैं समर्थन करता हूँ और आशा करता हूँ कि योगीराज यह कार्य अवश्य करेगा। मैं स्वीकार करता हूँ कि योगीराज से भेदभाव रहित व समानता से युक्त शासन की मैं आशा करता हूँ, परन्तु किसी भी अपराधी, दोषी के प्रति शिथिलतापूर्ण व्यवहार का मैं पक्षधर नहीं हूँ, अपितु मेरी इच्छा यह है कि ऐसे प्रत्येक अपराधी को, बिना उस धर्म-सम्प्रदाय अथवा जाति देखे दण्ड दिया जाना चाहिए। जो भी समाज व राष्ट्र के विरुद्ध कार्य करते हो, उन्हें दण्ड देना अति आवश्यक है।

एक तरफ कुछ लोग हैं जो योगीराज पर सन्देह करते दिखते हैं तो दूसरी तरफ कुछ ऐसे लोग भी हैं जिन्हें मात्र योगीराज से ही आशाऐं, उम्मीदें हैं। क्योंकि योगीराज से पहले के शासकों को, उनकी कार्य प्रणालियों को, उनकी संकीर्ण मानसिकता को तथा उनकी तुष्टीकरण व बँटवारे की राजनीति को इन लोगों ने देखा व समझा है। ऐसे में एक निःस्वार्थ योगी के शासन से उनकी आशाऐं, उनकी उम्मीदें जुड़ना स्वाभाविक ही है। कुछ अल्पबुद्धि कहते हैं कि जब राजनीति के चतुर खिलाड़ी व्यवस्था परिवर्तन नहीं कर पाएं,

समाज व राष्ट्र का विकास नहीं कर पाए तो यह तो मात्र एक योगी-मात्र एक सन्यासी है। यह कैसे परिवर्तन कर सकता है, परन्तु मेरा मत यह है कि वह राजनीति के महारथी थे, शायद इसीलिए समाज व राष्ट्र को सशक्त नहीं बना सके और यह एक योगी है - एक सन्यासी है, इसीलिए ही यह इस असम्भव को सम्भव कर सकता है। यह योगी है इसीलिए समाज को तथा इस राष्ट्र को शक्तिशाली ही नहीं महाशक्तिशाली बना सकता है। मुझे पूर्ण विश्वास है कि इस योगी का शासन वह सभी असम्भव से दिखने वाले कार्य सम्भव करके दिखायेगा, जिन कार्यों को पूर्व में सत्तासीन रहे सत्ताधीशों ने आरम्भ करने का भी साहस नहीं किया। यदि ऐसा होता है तो निश्चित रूप से उन सत्तालोलुप संकीर्ण मानसिकता वाले राजनीतिज्ञों के तथा उनके समर्थकों के मुँह पर यह जोरदार तमाचा होगा। यह तमाचा उन्हें बतायेगा कि उन लोगों ने किस प्रकार निज स्वार्थों के वशीभूत होकर समाज का व राष्ट्र का कितना समय व्यर्थ कर दिया है। यदि वह राष्ट्रहित को प्राथमिकता देते तो शायद यह व्यर्थ हो गया समय बचाया जा सकता था तथा इस समय में ही समाज को व राष्ट्र को महाशक्ति बनाया जा सकता था।

राष्ट्रीय भावनाओं के अनुरूप विकास पथ पर आगे बढ़ने के लिए यह आवश्यक है कि आज तक क्या हुआ है? किसने क्या किया है? इत्यादि बातों को यहीं पर छोड़कर योगीराज आदित्यनाथ को तथा योगीराज के साथ सभी नागरिकों को प्रगति पथ पर साथ मिलकर चलना होगा जिस प्रकार द्वापर में योगीराज श्रीकृष्ण ने सत्ता परिवर्तन के द्वारा युग परिवर्तन की आधारशिला रखी थी। ठीक उसी प्रकार का समय आज हम सभी के समक्ष है। यह समय ठीक वैसा ही है जैसे द्वापर में आततायी, अत्याचारी कंस के शासन के अन्त के बाद योगीराज श्रीकृष्ण ने सत्ता सम्भाली थी तथा इस

सत्ता परिवर्तन के साथ ही समाज व राष्ट्र को स्वर्णयुग में ले जाने की यात्रा शुरू हुई थी। ठीक इसी प्रकार आज स्वार्थयुग के शासन के अन्त के साथ, निःस्वार्थ युग के शासन का आगमन हुआ है। अतः योगीराज से यह आशा करना निरर्थक नहीं है कि वह भी योगीराज श्रीकृष्ण के समान ही समाज व राष्ट्र को स्वर्णयुग में ले जाने की यात्रा प्रारम्भ करें तभी वास्तविकता में योगीराज के इस शासन के द्वारा योगीराज के उस शासन का पुनः प्राण प्रतिष्ठा यज्ञ सम्पूर्ण हो सकेगा।

योगीराज में भेदभाव का,
नहीं कोई स्थान कभी हो।
राज-न्याय व दण्डनीति में,
एक समान, यहाँ सभी हो।।

राष्ट्रवाद के पहरेदार जो,
संग में लेकर चलना है।
स्वार्थी और दगाबाजों को,
सबक देकर चलना है।।

पुराने शासक योगी नहीं थे,
इस बात का ध्यान रहे।
ऐसा शासन करना योगी,
योगीराज की शान रहे।।

अब तक जो भी हुआ, किया जो,
उससे आगे बढ़ना है।
योगीराज श्रीकृष्ण के युग का,
आओ पुनः प्रतिष्ठान करें।।

कालचक्र की................
योगीराज फिर..............

उस योगीराज श्रीकृष्ण के समय पर जहाँ हमारा यह भारतवर्ष जगद्गुरू कहलाता था। सम्पूर्ण आर्यवृत्त का सिरमौर था। वही जगद्गुरू राष्ट्र वर्तमान समय में अत्यन्त कमजोर स्थिति में है। आर्यवृत्त के सिरमौर से इस विकट समय घनघोर तक की यह यात्रा किस प्रकार की थी? आखिर ऐसा क्या होता चला गया कि हमारे राष्ट्र ने अर्श से फर्श तक का उल्टा सफर तय कर लिया? किस प्रकार की स्थिति थी वह जो इस राष्ट्र को जगद्गुरू की उपाधि से उतारकर भयावह गर्त में ले आयी? -- यह सत्य हम सभी को स्वीकार करना होगा कि उस योगीराज श्रीकृष्ण के युग से लेकर आज के युग तक भारतवर्ष ने प्रतिष्ठा खोने का एक बड़ा लम्बा और कष्टप्रद सफर तय किया है। इस योगीराज से योगीराज तक के काल में जिस प्रकार की घटनाऐं घटी, जिस प्रकार के शासन आये, उन सभी के द्वारा कहीं ना कहीं भारतवर्ष की गरिमा को चोट ही पहुंचायी। स्वयं की श्रेष्ठता सिद्ध करने में अथवा स्वयं के राज्य विस्तार हेतु ही भारतीय शासक स्वयं ही लड़ते-मरते रहे तथा भारतभूमि को निरन्तर क्षीण करते चले गये। अपने ही पुत्रों के मध्य छिड़े इन महायुद्धों ने सदैव भारतभूमि को कष्ट दिया तथा समस्त आर्यवृत्त में इसे लज्जित किया है। हमारा समाज इस बात को विस्मृत कर गया कि जब भी किसी माता के पुत्रों में युद्ध होता है तो विजय किसी की भी हो उस माता का हृदय तो चकनाचूर ही होता है। उस माता की आँखों में तो मात्र आँसू ही दिखायी दे सकते हैं।

इस मध्य युग में भारतवर्ष निरन्तर पतन की गहरी खाई में गिरता चला गया। भारतवर्ष के इस प्रकार पतन की दिशा में बढ़ने का सबसे बड़ा कारण यहाँ के शासक वर्ग की संकीर्ण मानसिकता ही रही। इन शासकों ने कभी एक राष्ट्रसंघ के रूप में

सहयोग के साथ प्रगति के सिद्धान्त को स्वीकृत नहीं किया तथा सदैव संघर्ष के साथ अवनति के मार्ग पर बढ़ते चले गये। जहाँ अन्य राज्यों के राजा भारतवर्ष पर कब्जा करने के लिए निरन्तर प्रयासरत रहे, वहीं भारतीय राजा और रजवाड़ों ने अपनी सम्पूर्ण शक्ति आपस में ही लड़ते-लड़ते क्षीण कर डाली। जहाँ विदेशी राजाओं ने भारतभूमि पर अपनी गिद्ध दृष्टि डालनी शुरू कर दी थी, वहीं भारतीय शासक उस समय भी एक होकर उनको परास्त करने के स्थान पर स्वयं ही आपस में खूनी संग्राम में व्यस्त थे। इस प्रकार स्वयं जानबूझकर हमारे उन राजाओं ने विदेशी शासकों को इस भारतभूमि पर आने का अवसर प्रदान किया। इसके उपरान्त भी अनेकों ऐसे वीर राजा हुए जिन्होंने अपनी राष्ट्रभूमि की रक्षार्थ उन विदेशी शासकों से निरन्तर युद्ध किया तथा उन्हें बारम्बार पराजित भी किया। लेकिन उन वीर शासकों का सहयोग करन के स्थान पर कुछ शासकों ने इसे अपनी शत्रुता निभाने का अवसर समझकर उस वीर शासक के विरुद्ध विदेशी शासक का सहयोग किया तथा भारतभूमि की गरिमा पर प्रहार किया। इस प्रकार शत्रुता के प्रचण्ड वेग में राष्ट्रीयता को शर्मसार करने वाले जयचन्दों ने सम्पूर्ण भारतवर्ष को ठगने का दुष्कृत्य बारम्बार किया। जिस कारण इस पवित्र भूमि पर विदेशी आक्रांता अपने पैर जमाने में सफल होते गये। इससे भिन्न एक अन्य बात भी कई बार समझ आती है कि अपने युद्ध कौशल, अपने बल, अपने शौर्य के मद में भी अनेकों शासकों ने ऐसी मूर्खताएं कर डाली जो भविष्य में उनकी दुर्गति का कारण बन गयी। उदाहरण स्वरूप पृथ्वीराज चौहान के शौर्य, पराक्रम व बल का उस समय कोई विकल्प नहीं था, परन्तु उसका मोहम्मद गौरी को बारम्बार पराजित करके प्राणदान देना ही उसकी दुर्गति का कारण बन गया। यदि पृथ्वीराज की पराजय का

अपयश केवल जयचन्द के सिर मढा जाये तो यह भी एक अन्याय ही होगा। अवश्य ही जयचन्द अट्ठारहवें युद्ध में पृथ्वीराज की पराजय का कारण बना, परन्तु अट्ठारहवें युद्ध तक अपने शत्रु को क्षमादान देना, उसको बारम्बार जीवनदान देना क्या एक अभिमानयुक्त व्यवहार नहीं था?-- इस प्रकार भारतीय शासकों ने स्वयं की शत्रुता की भावना की तृप्ति के लिए एक दूसरे के विरुद्ध ही षडयन्त्र रचे तथा एक दूसरे की पराजय का कारण बनते चले गये। इसी शत्रुता की प्रबल भावना का ही लाभ उठाकर अनेकोंनेक विदेशी आक्रांताओं ने भारतभूमि पर प्रवेश किया तथा यहाँ अपनी शासन व्यवस्था की जड़ें जमाते चले गये। इन विदेशी आक्रांताओं रूपी काँटों को इस पावन भूमि पर उगने की अनुकूलता प्रदान करने वाले अन्य कोई नहीं अपितु इसी भारतभूमि के ही संकीर्ण भावनाओं में जीने वाले मूर्ख शासक थे।

मध्यकाल में इस राष्ट्र के दुर्गति का जो चक्र चला उसका स्मरण कराना इसलिए आवश्यक हो जाता है क्योंकि वह कालचक्र याद करके ही हम भारत माता की उस दुर्दशा का अनुभव कर सकते हैं। क्योंकि उन जख्मों का अहसास होने पर ही हम उस पीड़ा को समझ सकते हैं, जिस पीड़ा से उस समय का समाज गुजरा होगा। इसीलिए प्रत्येक भारतीय उस समय को याद करते हुए, पुनः उसी राहपर चलने से बचे, यही मेरा प्रयास है।

योगीराज से योगीराज तक,
बहुत प्रतिष्ठा खोयी है।
सत्य कहूँ तो हजारों वर्ष तक,
भारत माता रोयी है।।

कभी राजा-राणा व रजवाड़े,
खूनी-संग्राम में लगे रहे।
कभी घर के जयचंदों से,
बारम्बार हम ठगे रहे।।

कभी गौरी को बख्श-बख्श कर,
हमने मूर्खता कर डाली।
इस भारत माता की झोली,
स्वयं काँटों से भर डाली।।

उस खूनी इतिहास को बयाँ करूँ,
वह जख्म फिर ताजा करता हूँ।
उन जख्मों को फिर से देखें,
ताजा, पुरानी याद करें।।

कालचक्र की...............
योगीराज फिर............

मैंने बात की आपसी बैर की, जो संकीर्ण मानसिकता के कारण जन्म लेता है तथा निरन्तर बढ़ता चला जाता है। इसी आपसी बैर के कारण समाज में विघटन होता है और सामाजिक एकता शिथिल पड़ती जाती है। मध्यकाल में यही कारण बना और इसी कारण के फलस्वरूप समाज अनेक टुकड़ों में बँट गया। प्रत्येक राजा-रजवाड़े निज स्वार्थ को महत्व देने लगे और ऐसी दयनीय स्थिति बनी कि भारतभूमि की सारी गरिमा धूमिल होती चली गयी। यह वह समय था जब हमने मर्यादा पुरूषोत्तम श्रीराम, निष्काम कर्मयोग का सन्देश देने वाली योगीराज श्रीकृष्ण, सम्राट अशोक जैसे विश्वश्रेष्ठ शासकों के स्वर्णिम राष्ट्र को दयनीयता की परिधि में लाकर खड़ा कर दिया था। हमारे शासकों की स्वार्थबुद्धि ने पूर्व के उन महान शासकों के शौर्य, उनके पराक्रम को मिटवा दिया था। मर्यादा पुरूषोत्तम श्रीराम, कर्मयोगी योगीराज श्रीकृष्ण, सम्राट अशोक इत्यादि ने समस्त संसार के समक्ष इस भारतवर्ष को इतने शक्तिशाली रूप में प्रतिस्थापित किया था कि समस्त संसार में कोई इस भारतवर्ष की तरफ आँख उठाने की हिम्मत नहीं करता था। परन्तु इसी भारतभूमि पर ऐसे भी शासक सत्तारूढ़ हुए जिन्होंने स्वयं ही इस भारतभूमि को विदेशी आक्रांताओं के हाथों में सौंप दिया। उन शासकों ने अपने ही पड़ोसी शत्रु शासक को परास्त करने के लिए विदेशी आक्रांताओं को स्वयं सहायता प्रदान की तथा इस भारतभूमि में प्रवेश कराया। कालान्तर में ऐसे ही गद्दार जयचन्दों को भी अपनी करनी का फल अवश्य भुगतना पड़ा। परन्तु इसी खींचतान की लड़ाई में भारतवर्ष जगद्गुरू की गरिमा खो बैठा।-- इस सब के उपरान्त भी भारतीय समाज ने इतना सहनशीलता व मिलवर्तन का परिचय दिया कि जिन विदेशी आक्रांताओं ने भारत पर बारम्बार आक्रमण किया, इस देश को

अनेकोनेक बार लूटा। भारतीय जनमानस पर क्रूरतम अत्याचार किये तथा इस पावन भूमि को रक्त-रंजित किया, उन सभी आक्रांताओं को भारतीय लोगों ने अपनाया। यह भारतीय जनमानस की कौन सी प्रवृत्ति थी कि स्वयं के मध्य सदैव शत्रुता को उन्होंने जीवित रखा तथा विदेशी नस्लों के आगमन पर बारम्बार उन्हें खुले दिल से अपनाया? मैं उस प्रवृत्ति को क्या नाम दूँ, आज तक नहीं समझ पाया। आज भी भारतीय समाज की मानसिकता में ज्यादा परिवर्तन नहीं आया है। आज भी हमारा समाज स्वयं के मध्य शत्रुता को जीवित रखे हुए है तथा शत्रुओं के साथ मित्रवत खड़े दिखायी दे जाता है।

मैं अनेकों बार ऐसे उदाहरण प्रत्यक्ष देखता हूँ कि जब हमारे समाज के द्वारा चुने गये नेता ही दुश्मन देश की भाषा बोलते दिख जाते हैं। ऐसे नेता स्वयं की सेना को तो कठघरे में खड़ा कर जाते हैं तथा शत्रु देश का बचाव कर जाते हैं। इनसे अलग कुछ ऐसे जयचन्द नेता भी हैं जो सम्पूर्ण भारतीय समाज को बाँटने पर तुले हुए दिखायी पड़ते हैं। ऐसे नेता अपने संकीर्ण स्वार्थो को साधने हेतु भारतीय समाज को छोटे-छोटे जाति वर्गों में बाँटने की दूषित मानसिकता के साथ अपने दुष्कृत्यों में लिप्त हैं और उन सभी संकीर्ण बुद्धि नेताओं के इन दुष्कृत्यों को देख-देखकर मुझे बारम्बार आक्रोश आता है तथा ऐसे प्रत्येक नेता को मैं सत्य दर्पण दिखलाना चाहता हूँ। मैं चाहता हूँ कि ऐसा प्रत्येक नेता यह समझ ले, यह जान ले कि उस महान योगीराज के पश्चात पुनः आज फिर योगीराज आ गया है। ऐसे में उन सभी जयचन्द नेताओं को अपनी संकीर्ण बुद्धि को आराम देना चाहिए। क्योंकि अब उनकी मानसिकता के अनुरूप समाज का तथा इस देश का बँटवारा नहीं होगा। इस सत्य को आत्मसात् करते हुए अब ऐसे सभी स्वार्थी नेता

स्वयं की मति में सुधार कर लें और ऐसा ना करने वाले तथा समाज में नफरत की भावना पैदा करके समाज को बाँटने में लगे हुए प्रत्येक नेता के संकीर्ण विचारों की समाप्ति के लिए योगीराज को ही कुछ प्रयास करने चाहिए।

राम-कृष्ण-अशोक सभी के,
शौर्य को हमने मिटवाया है।
हमने स्वयं जयचन्द जने हैं,
पृथ्वीराज कटवाया है।।

रक्त से रंजित किया जिन्होंने,
जिन्होंने कोहराम मचाया है।
वो भारत भूमि के बेटे ही थे,
फिर भी सबको अपनाया है।।

मुझको फिर आक्रोश है आता,
जब जयचन्द शीश उठाते हैं।
भारतवासी प्रत्येक जन को,
वें पुनः बाँटना चाहते हैं।।

ना भारत बँटेगा अब, सुन लो,
वें अपनी मति सुधार करें।
ऐसे जयचन्दों को अब,
योगीराज लाचार करे।।

कालचक्र की............
योगीराज फिर..........

यह भारतवर्ष का दुर्भाग्य ही तो है कि हमारा समाज आज भी उसी राह पर चलता जा रहा है, जिस राह पर चलकर हमने हजारों वर्ष तक गुलामी की यातनाएं सही हैं। इतिहास इस बात की गवाही देता है कि आपसी फूट और भेदभाव ने पहले भी समाज को बाँट दिया था, समाज के मध्य नफरत की खाई खोद दी थी, जिस कारण हमारा राष्ट्र गुलामी की कैद में जा फंसा था। हमारा समाज उस समय जातिवाद, क्षेत्रवाद, भाषावाद इत्यादि में बँटा हुआ था। राष्ट्रीय एकता को सभी विस्मृत कर चुके थे और नफरत की भावना को दिल में भरकर एक दूसरे से युद्ध करने में इस प्रकार से व्यस्त थे कि राष्ट्रहित का भान शायद किसी को भी नहीं रहा था। सम्पूर्ण भारतीय समाज क्षत-विक्षत होकर टुकड़ों में बँट गया था। इस विघटन का एकमात्र कारण मैं इस समाज की उसी संकीर्ण मानसिकता को मानता हूँ जो आज भी अपने चरम की दिशा में अग्रसर है। यह संकीर्णता ही थी जो उस समय के जगद्गुरू राष्ट्र को पराधीनता की बेड़ियों में बाँध गयी थी। पहले मुस्लिम आक्रांताओं ने भारतीयों की इस संकीर्णता का लाभ उठाकर भारतभूमि को अनेकोनेक बार लूटा तथा इस पर अपना आधिपत्य भी स्थापित किया। इसके पश्चात अंग्रेजों ने भी भारतीयों की इसी संकीर्णता को पहचानकर धीरे-धीरे सम्पूर्ण भारतवर्ष को अपने अधीन कर लिया। इस दुर्भाग्य के रचियता ना तो मुस्लिम आक्रांता थे व ना ही अत्याचारी अंग्रेज, वास्तव में इस दुर्भाग्य के जनक स्वयं भारतीय ही थे। भारतीय लोगों ने राष्ट्रीयता की उच्चतम व श्रेष्ठतम भावना को विस्मृत करके तथा संकीर्णता की निम्नतम भावना की स्वीकृत करके इस दुर्भाग्य को स्वयं ही रचा था। स्वयं ही इस दुर्भाग्य को निमन्त्रण देकर भारतीय समाज ने पहले मुस्लिम शासकों तथा उसके पश्चात अंग्रेजों की यातनापरक दासता सही थी।

इसी दृष्टिकोण के साथ यदि वर्तमान समय में भारतीय समाज को निष्पक्षता से दृष्टिगत करें तो देख पायेंगे कि हमारा भारतीय समाज पुनः उसी संकीर्णता की दिशा में बढ़ रहा है, जिस संकीर्णता ने पहले भी भारत को टुकड़ों में विभक्त किया था। इसी संकीर्ण मानसिकता ने पहले भी समाज में शत्रुता का, नफरत का भाव इस सीमा तक बढ़ाया था कि समाज राष्ट्रीय हितों की अनदेखी कर गया था। वर्तमान समय में यदि भारतीय समाज में पुनर्जागरण नहीं हुआ तो यह भय स्वाभाविक ही है कि कहीं हमारा राष्ट्र पुनः छिन्न-भिन्न होने की कगार पर ना पहुँच जाये अथवा कहीं पुनः किन्हीं षडयन्त्रों की चपेट में आकर पराधीन ना बन जाए। अतः अब सम्पूर्ण भारतीय समाज को राष्ट्रीय सोच को विकसित करना ही होगा, तभी भारतवर्ष को इस असमंजस की स्थिति से निकालकर महाशक्ति राष्ट्र निर्माण के पथ पर अग्रसर किया जा सकता है। यदि अब भी भारतीय समाज इस संकीर्ण मानसिकता का त्याग नहीं करता तो यह सत्य भी स्वीकार करना होगा कि भविष्य उज्जवल नहीं अपितु अन्धकारमय होता चला जायेगा। जब भारतवर्ष को भारतीयों की सर्वाधिक आवश्यकता होगी, ठीक उसी समय पर संकीर्णता में डूबा समाज धर्म-सम्प्रदाय, भाषा-क्षेत्र, जाति-वर्ग इत्यादि में विभाजित हुआ दिखायी देगा और इस प्रकार से टुकड़ों में बँटा वह समाज भारतवर्ष की किसी भी संकट से रक्षा कर पाने में कदापि समर्थ नहीं होगा, अपितु वह टुकड़े में विभक्त समाज स्वयं भारतवर्ष के लिए संकट होगा।

जिस राष्ट्र का समाज ही उसके पतन का कारण बनना प्रारम्भ करता हो उस राष्ट्र की दुर्गति को कोई भला कैसे टाल सकता है? इस बात का प्रमाण स्वयं इतिहास देता है कि किस प्रकार भारतीय समाज स्वयं ही इस राष्ट्र दुर्गति की दिशा में लेकर

गया तथा इस राष्ट्र को स्वयं भारतीय समाज ने ही पराधीनता की गहरी खाई में धकेल दिया था। उस समय तो हजारों-लाखों वीरों ने स्वतन्त्रता संग्राम में, क्रान्ति की ज्वाला में, इन्कलाब की रौ में स्वयं के प्राणों की बलि देकर इस भारतभूमि को स्वतन्त्रता का प्रकाश दिलाया था। परन्तु क्या वर्तमान समय में ऐसा हो पायेगा? सावधान भारतीय समाज, अभी भी समय है कि इन जाति-पाति, भेदभाव, ऊँच-नीच, धर्म-सम्प्रदाय-वर्ग, भाषा-क्षेत्र, निजस्वार्थ की संकीर्ण मानसिकता का त्याग करो और भारतवर्ष को महाशक्ति राष्ट्र बनाने में अपना अतुलनीय सहयोग प्रदान करो। अन्यथा यही संकीर्ण मानसिकता भारतवर्ष को क्षत-विक्षत करने की, पराधीनता की तरफ अग्रसर करने में सर्वाधिक अग्रणी भूमिका निभाएगी। यदि इस बार भारत पराधीन हुआ तो यह भी स्पष्ट करता हूँ कि इस बार कोई भी वीर क्रान्तिकारी ऐसे संकीर्णता में डूबे औछे समाज को पुनः स्वतन्त्रता दिलाने हेतु स्वयं के प्राणों का बलिदान नहीं देगा। क्योंकि उसे पता होगा कि इस समाज ने पूर्व में भी स्वतन्त्रता के मूल्य को नहीं समझा तो इस बार यह समाज स्वतन्त्रता के मूल्य व उसके बलिदान का मूल्य समझेगा इसका कोई भरोसा नहीं है।

आप स्वयं ही विचार करें कि क्या आपने कभी वीर क्रान्तिकारियों के बलिदान के मूल्य को समझने का प्रयास किया है? जरा सोचिए साहब, क्यूँ दिया होगा उन वीरों ने अपने प्राणों का बलिदान? क्या इसलिए कि हम अंग्रेजों के भय से मुक्त होकर आपस में लड़ सके? या फिर इसलिए कि कुछ भ्रष्टाचारी देश की जनता को लूटकर स्वयं के घरों को भर सके? किसी भी क्रान्तिवीर का, स्वतन्त्रता सेनानी का बलिदान संकीर्ण मानसिकता से युक्त नहीं था, अपितु इस राष्ट्र की स्वतन्त्रता के लिए था, इस राष्ट्र के महाशक्ति स्वरूप के निर्माण के लिए था। अतः अब समाज को इस

महाविनाशक संकीर्णता का त्याग करके शहीदों के उन अमूल्य बलिदानों का कर्ज इस भारतमाता को महाशक्ति राष्ट्र बनाकर चुकाना चाहिए। यही समय है जब हमें शहीदों के बलिदानों को शर्मसार ना करते हुए, संकीर्णता का त्याग करना होगा तथा सम्प्रदाय, जाति-भाषा-वर्ग अथवा क्षेत्रीयता की संकीर्ण भावना का त्याग कर, इनसे ऊपर उठकर बस भारतीय बनना होगा, तभी हम शहीदों के स्वप्नों वाले महाशक्ति राष्ट्र का निर्माण करके उनके बलिदानों का कर्ज चुका सकते हैं।

क्यूँ भूले हो उस समय को,
जब हम आपस में लड़ रहे थे।
उसी लड़ाई का फायदा उठा,
अंग्रेजों के झण्डे गड़ रहे थे।।

उसी दिशा में फिर से ना बढ़ो,
गुलाम कौम बन जाओगे।
सम्प्रदाय और जाति वालो,
अलग-अलग छन जाओगे।।

याद रखना इस बात को तुम,
अबके भगत सिंह ना आयेगा।
तुम जैसे औछों की खातिर,
खुद को ना मरवायेगा।।

इसीलिए कहता हूँ सबसे,
बस भारतवासी बन जाऐं।
बहुत शर्मिन्दा हुए बलिदानी,
अब तो ना शर्मसार करें।।

कालचक्र की.............
योगीराज फिर............

यह भारतभूमि की विडम्बना ही है कि इसके सर्वश्रेष्ठ सपूत इसकी स्वतन्त्रता के संग्राम में बलिदान हो गये और नेतृत्व ऐसे हाथों को मिला जिनमें राष्ट्र के प्रति प्राण बलि देने की भावना के स्थान पर राष्ट्रीय सत्ता को प्राप्त करने की भावना प्रबल थी। सत्ता के स्वार्थी उन लोगों ने वीर क्रान्तिकारियों के प्रत्येक स्वप्न को चकनाचूर करके गहराईयों में दफन कर दिया तथा इस राष्ट्र के लिए अंग्रेजों से मुक्ति के पश्चात अंग्रेजों द्वारा स्थापित संगठन की गुलामी का मार्ग प्रशस्त किया। यह देश उस राह पर, उस मार्ग पर चलाया गया, जिस मार्ग पर सत्ता के स्वार्थी नेतृत्व ने इसे ले जाना चाहा। इस प्रकार क्रान्तिकारियों की सभी इच्छाओं को, उनके प्रत्येक अविस्मरणीय बलिदान को तिलांजलि दे दी गयी। यह सत्य हम सभी को बिना किसी तर्क-वितर्क के स्वीकार करना ही होगा कि जिस हिन्दुस्तान में हम रहते हैं यह शहीदों के स्वप्नों वाला हिन्दुस्तान तो बिल्कुल भी नहीं है। जिस राष्ट्र में हम रहते हैं यह वह राष्ट्र नहीं है जिसका स्वप्न सुभाषचन्द्र बोस, भगतसिंह, सुखदेव, राजगुरू, चन्द्रशेखर आजाद जैसे प्रत्येक शहीद क्रान्तिकारी ने देखा होगा। हाँ, इन सभी वीर क्रान्तिकारियों के रक्तवर्णित, सुर्ख-आब बलिदानों की नींव पर कुछ स्वार्थी बगुलों ने अपने स्वार्थो के अनुरूप एक राष्ट्र का निर्माण प्रारम्भ कर दिया जो आज तक स्वार्थी बगुलों के द्वारा ही हँस का स्वॉग रचाकर क्रियान्वित है। क्या इसी दिन की प्रतीक्षा में इस भारतभूमि ने उन रक्तवर्णित, सुर्खाब पक्षियों को बलिदान किया था कि भविष्य में इन स्वार्थी बगुलों को पूजा जाये, इसका अभिनन्दन किया जाये?

मेरा आशय यह कदापि नहीं है कि उन वीर बलिदानी क्रान्तिकारियों ने यह इच्छा अपने हृदय में रखी होगी कि भविष्य की पीढ़ी उनकी पूजा करें, परन्तु उन सभी की यह इच्छा तो अवश्य ही

रही होगी कि भविष्य की पीढ़ी उनके बलिदान का मूल्य समझे और उस मूल्य को समझते हुए उनके स्वप्नों के महाशक्ति राष्ट्र का निर्माण करे तो क्यूँ नहीं आज का समाज उनकी भावनाओं को, उनके बलिदान के मूल्य को समझने का प्रयास कर रहा है? उन वीरों ने तो किसी सम्मान अथवा पदक की चाह में अपने प्राणों का बलिदान नहीं दिया था बल्कि उनका बलिदान इस राष्ट्र के प्रति उनके प्रेम का परिणाम था। उन वीरों ने कभी भी अपनी प्रशंसा के लिए विदेशी शासन के विरुद्ध कोई कार्य नहीं किया अपितु उनका विदेशी शासन के विरुद्ध किया गया प्रत्येक कार्य मात्र राष्ट्र की स्वतन्त्रता हेतु समर्पित था। राष्ट्र को स्वतन्त्र कराना ही उन्होंने अपना कर्तव्य तथा अपने जीवन का एकमात्र लक्ष्य निर्धारित किया था और इसी महान कर्तव्य को समर्पित होते हुए ही प्रत्येक वीर क्रान्तिकारी ने अपने प्राणों की आहूति दे देकर स्वतन्त्रता के इस महायज्ञ को सम्पन्न किया था। इस स्वतन्त्रता की प्राप्ति के लिए उन वीरों ने अपने जीवन के प्रत्येक क्षण को समर्पित किया था। अपनी सभी ख्वाहिशों, जीवन के प्रति उमंग, अनेकों रिश्तों-नातों, सभी का त्याग कर अन्त में प्राणों का बलिदान तक मात्र इस राष्ट्र की स्वतन्त्रता के हेतु दिया था, परन्तु वर्तमान समय के समाज की स्थिति यह बयान करती है कि समाज को ना तो उन क्रान्तिकारी शहीदों के बलिदानों की परवाह है और ना ही उनके महाशक्ति राष्ट्र निर्माण के स्वप्न की चिन्ता है।

वर्तमान सामाजिक परिस्थिति यह है कि हमारे समाज ने मात्र अधिकारों को प्राथमिकता देनी प्रारम्भ कर दी है। हम सभी अधिकारों की मांग करते दिखते हैं। समाज की मानसिकता ऐसी हो चली है कि अधिकारों को ही प्रत्येक व्यक्ति ने स्वतन्त्रता का पर्यायवाची मान लिया है और इन्हीं अधिकारों की प्राप्ति हेतु हमारा

समाज बारम्बार राष्ट्रीयता को क्षति पहुंचाने से भी नहीं चूक रहा है। निज स्वार्थों की पूर्ति में यह मग्नता ठीक वैसी ही है जैसी मध्यकाल में थी। कहीं पुनः हम राष्ट्र को प्रगति के स्थान पर दुर्गति के पथ पर तो लेकर नहीं जा रहे हैं? यदि नहीं, तो अधिकारों की प्राप्ति के लिए संघर्ष करने वाले हम भारतीय कभी कर्तव्यों के लिए संघर्ष करते क्यों दिखायी नहीं देते? आप सभी स्वयं ही विचार कीजिए कि कितने ऐसे व्यक्ति हैं जो संविधान में वर्णित मूल कर्तव्यों की जानकारी रखते हैं? जबकि अधिकारों के बारे में स्थिति एकदम विपरीत है, संविधान में वर्णित मूल अधिकार तो सभीको स्मरण हैं ही साथ ही उनके विचारानुसार भी जिन अधिकारों की आवश्यकता उन्हें हैं, उनके लिए भी प्रत्येक भारतीय जन संघर्ष पर उतर जाता है। कर्तव्यों को विस्मृत करके अधिकारों को प्राप्त करने वाली इस दौड़ में शामिल होकर कहीं ना कहीं हम राष्ट्रीयता की क्षति तो कर ही रहे हैं। साथ ही साथ उन वीर क्रान्तिकारियों के बलिदान को भी निरन्तर अपमानित कर रहे हैं।

मेरे प्रश्न उन लोगों से हैं, जो अधिकारों की दुहाई देकर समाज को बाँटने में लगे रहते हैं कि आप लोगों ने राष्ट्रहित में कितने कर्तव्यों का निर्वहन किया है? क्या अपने, अपने परिवार, अपने समाज के स्वार्थों से ऊपर उठकर आपको राष्ट्रीय हितों का जरा भी ज्ञान नहीं है? क्यूँ आप लोगों को अपने, अपनी जाति, अपने सम्प्रदाय के अधिकार तो स्पष्ट दिखायी देते हैं, परन्तु राष्ट्र के प्रति अपने, अपनी जाति या अपने सम्प्रदाय के कर्तव्यों को क्यों विस्मृत किया जाता है? समाज को अधिकारों के लिए अथवायह कहना उचित होगा कि अधिकारों के नाम पर समाज को उकसाने वाले आप लोग कर्तव्यों के नाम पर समाज को जागरूक करते क्यों दिखायी नहीं देते है? कभी कभी आप लोगों का ऐसा व्यवहार

देखकर यह आभास होता है कि कहीं आप स्वयं ही तो इस देश की जनता को बाँटने का षडयन्त्र कर रहे हैं? दूसरे स्पष्ट शब्दों में कहूँ तो जाति-सम्प्रदाय-वर्ग इत्यादि की बात करके समाज को बाँटने वाले, तुष्टिकरण की नीति बनाकर इस देश में भेदभाव की खाई बढ़ाने वाले ये संकीर्ण सोच वाले नेता, देशद्रोह ही तो कर रहे हैं। अन्यथा ऐसा कैसे हो सकता है कि नेतृत्व करने वाले इन लोगों को सिर्फ अधिकारों की ही बातें अच्छी लगती हो?

वास्तविक अर्थ में देखा जाये तो स्वतन्त्रता का वास्तविक अर्थ कर्तव्यों तथा अधिकारों का 'आदर्श सन्तुलन' ही तो है और समाज को यदि अधिकार प्राप्ति में ही रूचि है तथा कर्तव्यों के प्रति जरा भी जागरूकता नहीं है तो यह बड़ी निन्दनीय अवस्था है। ऐसी जनता को लानत देना कभी भी अपराध नहीं हो सकता जो कर्तव्यों को तिलांजलि देकर मात्र अधिकारों की प्राप्ति हेतु राष्ट्रहितों की अनदेखी करती हो। ऐसी जनता को आक्रोशित स्वर में धिध्कारना उचित ही है। साथ ही इस जनता को पथभ्रष्ट करने वाले तथा स्वयं उससे भी पहले भ्रष्ट हो चुके नेताओं को भी यह बात समझनी चाहिए कि उन्हें अपने चरित्र की राजनैतिक व्याभिचारिता में सुधार करना ही होगा, अन्यथा इस राजनैतिक व्याभिचार के कारण समाज तथा राष्ट्र सदैव कलंकित होता रहेगा।

बोस, भगतसिंह, सुखदेव, राजगुरू,
वीर आजाद, गँवा डाले।
बगुलो को हम पूज रहे हैं,
पंछी सुर्खाब गँवा डाले।।

जिन्होंने प्राण बलिदान दिये थे,
कर्तव्य अपना समझ दिये थे।
मातृभूमि का कर्ज चुकाया,
स्वयं जहर के घूँट पिये थे।।

हम कर्तव्यों को विस्मृत कर,
अधिकारों की दौड़ में हैं।
उनके बलिदानों को, अपमानित,
करने वाली हौड़ में है।।

जनता से कटुवचन कहूँगा,
जलालत की हद ना पार करे।
नेता स्वार्थी, भी सुन लें,
ना राजनैतिक व्याभिचार करें।।

कालचक्र की...............
योगीराज फिर............

सम्पूर्ण जगत को 'विश्व बन्धुत्व' की भावना से जोड़ने वाली विचारधारा हो या 'वसुधैव कुटुम्बकम' की विचारधारा के अन्तर्गत सारे संसार को एक परिवार मानने की अत्यन्त पावन भावना, दोनों का ही प्रसार इस पवित्र भारतभूमि से हुआ है। इतनी पवित्र भावनाओं का प्रसार जिस धरा से होता हो वह निश्चित रूप से स्वर्ग ही होगी तथा उस धरा पर निवास करने वाले भी निश्चित रूप से देवता ही होने चाहिए, परन्तु वर्तमान परिस्थितियों में एक अलग स्थिति बनी हुई है। एक तरफ हम भारतीय मानव, मानवता, एकत्व, विश्व-बन्धुत्व व वसुधैव कुटुम्बकम की सर्वश्रेष्ठ व महानतम् बातें करते हैं, वहीं दूसरी तरफ व्यवहारिकता में भारतीय समाज में इन सर्वश्रेष्ठ विचारों के दर्शन कहीं पर दृष्टिगत नहीं होते। बड़ा दुःख होता है जब मैं भारतीय समाज की कथनी व करनी के मध्य पूर्णतः विपरीत भाव देखता हूँ। सम्पूर्ण विश्व को महानतम विचारधारा देने वाले इस देश की सीमाओं के अन्दर एकदम विपरीत विचारधारा बहती है। सम्पूर्ण विश्व को विश्वबन्धुत्व की धारणा द्वारा एक करने की बात करने वाले इस भारतवर्ष में जातिवाद में बँटकर मरने और मारने को तत्पर लोग बड़ी संख्या में रहते हैं। सम्पूर्ण विश्व को वसुधैव कुटुम्बकम की धारणा देने वाले इस भारतवर्ष में ही आज पारिवारिक कलह ने अनियन्त्रित रूप धारण कर लिया है। इस प्रकार की कथनी तथा करनी में अन्तर के द्वारा वर्तमान समय में भारतीय समाज 'थोथा चना बाजे घना' की पुरानी कहावत को चरितार्थ करता दिखायी देता है। क्योंकि विश्व को बन्धुत्व का पाठ पढ़ाने वाले हम स्वयं ही शत्रुता बनाने तथा उसे निभाने में लगे हुए हैं। भारत की सीमाओं के बाहर विश्वशान्ति का सन्देश देने वाले हम लोग, भारत की सीमाओं के अन्दर मरने-मारने में लगे हुए हैं।

मेरा यह तात्पर्य नहीं है कि विश्व को हमारा संदेश गलत है, परन्तु यह अवश्य कहना चाहूँगा कि हमारा प्रत्येक संदेश तब तक निराधार ही है जब तक कि हम स्वयं अपने देश की सीमाओं के अन्दर उस प्रत्येक संदेश को चरितार्थ ना कर लें, जिस सन्देश को हम सम्पूर्ण विश्व को देना चाहते हैं। विश्व बन्धुत्व का सन्देश निश्चित रूप से सम्पूर्ण विश्व तथा मानवता के लिए महान सन्देश है, परन्तु इस सन्देश की सार्थकता तभी हो सकती है जबकि यह सन्देश सर्वप्रथम हमारे समाज अर्थात भारतीय समाज द्वारा अपनाया जाये। हमारे शब्द, हमारे विचार तभी विश्व समाज को प्रभावित कर सकते हैं जबकि वह विचार हमारे स्वयं के आचरण, हमारे स्वयं के व्यवहार में परिलक्षित होते हैं। अतः विश्व बन्धुत्व की भावना का प्रसार भी तभी सम्भव हो पाएगा जब सर्वप्रथम भारतीय समाज में बन्धुत्व की भावना प्रबल होगी। इसी प्रकार वसुधैव कुटुम्बकम की परिकल्पना भी तभी साकार हो सकती है जबकि सर्वप्रथम भारतीय समाज एक राष्ट्रीय परिवार के रूप में प्रत्यक्ष दिखायी देगा। स्पष्ट शब्दों में कहूँ तो विश्व को 'विश्वबन्धुत्व', 'वसुधैव कुटुम्बकम' जैसी महानतम विचारधाराओं की आवश्यकता है, परन्तु इन्हें सार्थकता प्रदान करने के लिए सर्वप्रथम भारतीय समाज को इन्हें स्वीकार करना होगा, अपने व्यवहार, अपने आचरण में हम सभी को इन श्रेष्ठतम विचारधाराओं को विकसित करना होगा, तभी हम इस राष्ट्र को मानवतावादी महाशक्ति राष्ट्र बना पायेंगे। अपने इस भारतवर्ष को मानवतावादी महाशक्ति राष्ट्र अर्थात जगद्गुरू बनाने के पश्चात ही हम सम्पूर्ण मानवता को सम्पूर्ण मानव समाज को मानवता की, विश्वबन्धुत्व व वसुधैव कुटुम्बकम की पवित्र दिशा में लेकर जा सकते हैं।

हम भारतीय प्रेम की बातें करने में अग्रणी हैं, परन्तु बात यदि व्यवहारिकता की करें तो हम भारतीय नफरत करने में, शत्रुता करने में अग्रणी दिखायी देंगे। विश्व समाज को नफरत की नहीं, प्रेम की आवश्यकता है और यह प्रेम तभी सभी दिशाओं में प्रसारित होगा जब हम स्वयं प्रेम करना सीख लेंगे। प्रेम करने के लिए मात्र प्रेम की बातें करने से तात्पर्य नहीं है। वास्तव में बिना किसी को समझे कोई भी किसी से प्रेम नहीं कर सकता। बिना समझे मात्र प्रेम की बातें की जा सकती हैं, परन्तु प्रेम तभी हो सकता है जब हम उस व्यक्ति अथवा समाज को समझना प्रारम्भ कर दें। जब हम ऐसा करते हैं तो प्रेम का जन्म होता है तथा इसी के साथ प्रीत बढ़ती है। परन्तु इसके पूर्णतः विपरीत व्यवहार करते हुए वर्तमान समय में ना तो हम किसी को समझना चाहते हैं तथा ना ही कुछ जानना चाहते हैं। हमारी मानसिकता ऐसी बनती जा रही है कि हम सिर्फ नफरत पैदा करने, नफरत का प्रसार करने में लगे हुए हैं, परन्तु इस प्रकार दूसरों को नफरत करन के पश्चात उनसे प्रेम मिलने की आशा भी व्यर्थ ही है। क्योंकि इस संसार की यही रीत है कि यहाँ पर प्रेम के बदले प्रेम तथा इसी प्रकार नफरत के बदले नफरत ही मिलती है। अतः भारतीय समाज में सर्वत्र प्रेम, भाईचारा, शान्ति व प्रगति की भावना का प्रसार हो, इसके लिए हम सभी को एक नयी शुरूआत करनी होगी तथा यह नवीन शुरूआत प्रत्येक व्यक्ति को स्वयं से ही करनी होगी।

हम सभी को एक दूसरे के विचारों को, एक दूसरे की भावनाओं को समझना होगा। हमें यह बात समझनी तथा स्वीकार करनी होगी कि प्रत्येक व्यक्ति, प्रत्येक समाज का अपना स्वतन्त्र जीवन, अपने स्वतन्त्र विचार, अपनी भावनाऐं हैं, जिनको हम सभी को समझना ही होगा और इसी समझ के साथ एक दूसरे की

भावनाओं का सम्मान करना तथा एक दूसरे की भावनाओं को ठेस पहुंचाना बन्द करना होगा तभी हम एक नवीन शुरूआत कर पायेंगे। तभी हम महाशक्ति राष्ट्र निर्माण हेतु स्वयं को तथा समाज को भी सक्षम बना पायेंगे।

विश्वबन्धुत्व, वसुधैव कुटुम्बकम,
की बातें तो हम करते हैं।
पर, भारत की सीमाओं अन्दर,
कटते, मारते, मरते हैं।।

पहले स्वयं तो बन्धु बनो,
राष्ट्र एक परिवार बनों।
स्वयं महाशक्ति पहले बनों,
तब मानवता का संचार करो।।

बिना समझे प्रेम ना होता,
बिना प्रेम के प्रीत नहीं।
नफरत के बदले, प्रेम मिले,
यह जगत की रीत नहीं।।

प्रत्येक जन का जीवन है,
प्रत्येक के स्वतन्त्र विचार भी।
फिर दूजे की भावनाओं पर,
क्यों कोई प्रहार करे?

कालचक्र की..............
योगीराज फिर............

आज भले ही हमारे देश का राजनीतिक परिदृश्य बदल रहा हो, परन्तु यदि बात की जाये आज से पहले की तो सर्वत्र एक ही परिदृश्य छाया हुआ दिखायी देता था और वह परिदृश्य था निज स्वार्थो की पूर्ति में लगे शासन तन्त्र का। आज का युग भले ही परिवर्तन का युग दिखायी पड़ता हो, परन्तु आज से पहले के युग पर दृष्टि डाली जाये तो उस युग के लिए एक ही संज्ञा सटीक प्रतीत होगी और वह संज्ञा होगी स्वार्थ युग। स्पष्ट शब्दों में कहूँ तो आज से पहले के युग में राजनीति में स्वार्थसिद्धि की लालसा इस सीमा तक बढ़ गयी थी कि इसे स्वार्थयुग क्े अतिरिक्त अन्य कोई संज्ञा देने का कोई औचित्य शेष ही नहीं रहता है। स्वतन्त्रता के पश्चात आरम्भ हुए इस युग में वर्तमान समय तक सर्वत्र स्वार्थ की ही राजनीति सर्वत्र दिखायी देती रही है। इस स्वार्थयुग में बड़े-बड़े राजनीतिज्ञ स्वार्थ साधने में निरन्तर क्रियाशील रहे। इस स्वार्थ में अन्धे होकर उन्होंने सदैव ऐसी नीतियों का अनुसरण किया, जो किसी भी प्रकार से देशहित से सम्बन्धित नहीं थी। हाँ ऐसा कहा जा सकता है कि प्रत्यक्ष रूप से जो नीति ऐसे स्वार्थी नेताओं ने अपने स्वार्थ साधन हेतु बनायी थी उसने अप्रत्यक्ष रूप से कहीं ना कहीं राष्ट्रहित में कार्य किया। अन्यथा यह बात सर्वसमक्ष है कि इन स्वार्थी नेताओं की राजनीति किसी बाघ की उस नीति से भिन्न नहीं थी जिसके अन्तर्गत कोई बाघ किसी हिरण को उसके झुण्ड से अलग करके उसे अपना आहार बना लेता है। अतः भारतीय समाज को सम्प्रदाय, जाति-वर्ग, भाषा-क्षेत्र इत्यादि के नाम पर द्वेष फैलाकर, तुष्टिकरण नीति को अपनाकर बाँटने वाले प्रत्येक नेता अथवा दल को बाघ ही कहना चाहूँगा तथा उनकी इस कुटिल नीति को बाघनीति कहना गलत ना होगा।

इस प्रकार के कुटिल राजनीतिज्ञों को मात्र अपनी राजनीतिक भूख मिटाने की चिन्ता सदैव बनी रहती है और अपनी इस स्वार्थयुक्त भूख को मिटाने के लिए राजनीति के ये भूखे बाघ समाज को अलग-अलग बाँटकर अपना शिकार बनाते रहते हैं। इतिहास ऐसे अनगिनत उदाहरण अपने आप में समेटे हुए है जब इन राजनीति के भूखे बाघों ने समाज को जातीय दंगों, साम्प्रदायिक दंगों, राजनीतिक दंगों, क्षेत्रीय दंगों, भाषायी दंगों के द्वारा रक्तरंजित किया है। जब इन मूर्ख नेताओं की योग्यता से इनका राजनीतिक स्वार्थ सधता दिखायी नहीं देता तब यह बाघ नेता अपनी बाघनीति के द्वारा समाज को तोड़कर अपना स्वार्थ साधते हैं। इनकी इस स्वार्थसिद्धि हेतु अपनायी गयी बाघनीति ने राष्ट्र को तथा राष्ट्रीय एकता को सदैव खण्डित करने का ही कार्य किया है। क्यूँकि समाज में होने वाली प्रत्येक हिंसक घटना, प्रत्येक दंगा समाज में नफरत के बीज बो देता है और यही नफरत के बीज कालान्तर में नफरत के भयानक विषैल वृक्ष बनकर समाज का दम घोटने वाला वातावरण निर्मित करते है।

अपनी इस स्वार्थनीति के द्वारा अनेकों स्वार्थी नेताओं ने जनता को सदैव भ्रमित किया है तथा कई दशकों तक समाज को व्यर्थ में ही दौड़ाये रखा है। इन बीत चुके दशकों में भारतीय समाज को भ्रमित कर-करके इतना दौड़ाया गया है कि आज यही समाज राष्ट्रवादी नेतृत्व पर भी शक करने को मजबूर हो गया है और इसमें समाज का दोष कहीं पर भी नहीं है। क्योंकि समाज ने सदैव ही दशकों से भ्रमित करते आ रहे उन कुटिल नेताओं से विकास के नाम पर धोखा ही खाया है।

इन राजनीति के द्वारा अपनी स्वार्थ की भूख को मिटाने वाले नेताओं ने सदैव सत्ता संरक्षण की नीति के अन्तर्गत प्रत्येक

विकास कार्य में तुष्टिकरण को महत्व दिया, जिस कारण इनके द्वारा कराये गये किसी भी कार्य का अपेक्षित परिणाम प्राप्त नहीं हो पाया तथा समाज ने प्रत्येक बार स्वयं को ठगा सा ही महसूस किया। विकास कार्यो की सफलता हेतु तथा राष्ट्र व समाज की प्रगति हेतु यह अति आवश्यक है कि प्रत्येक नेतृत्व विकास कार्यो से तुष्टिकरण की नीति को दूर रखे। मेरा तात्पर्य यही है कि देश-प्रदेश का विकास तभी सम्भव है जब जनकल्याण की किसी भी योजना में किसी विशेष सम्प्रदाय, जाति अथवा वर्ग को अपने राजनीतिक स्वार्थ साधने हेतु सन्तुष्ट करने का प्रयास ना किया जाये। अतः प्रगति का रथ तो निरन्तर चलता ही रहना चाहिए। परन्तु यह प्रगति रथ तुष्टिकरण के कमजोर पहियों पर कदापि ना चले। क्योंकि इन कमजोर पहियों के साथ यह रथ कभी भी मंजिल तक नहीं पहुँच पायेगा और यह शत प्रतिशत तय है कि राष्ट्र कहीं मार्ग में ही खड़ा रह जाएगा। अतः सत्ताधीशों को यह सत्य स्वीकार करते हुए बिना किसी भेदभाव के, बिना किसी स्वार्थ के राष्ट्र सेवा के रूप में प्रत्येक विकास कार्य का क्रियान्वयन करना चाहिए और इस योगीराज के सत्ता में आने के पश्चात यह सम्भव हो पाएगा ऐसा विश्वास जगा है।

यह सत्ता परिवर्तन, हो सकता है उन स्वार्थी नेताओं के लिए मात्र सत्ता का दूसर राजनीतिक दल को स्थानान्तरण हो। परन्तु गहरे अर्थो में यह सत्ता का किसी दल से दूसरे दल में परिवर्तन नहीं, अपितु दशकों बाद सत्ता का वैचारिक परिवर्तन है। दशकों तक स्वार्थी विचारधारा वाले राजनैतिक दलों का शासन रहा, परन्तु आज राष्ट्रवादी विचारधारा वाला नेतृत्व हमारे समक्ष है। मैं इस वैचारिक परिवर्तन को सत्ता के गलियारों में एक बड़े व महान परिवर्तन के रूप में देखता हूँ और सारा समाज ही इसे

एक महान परिवर्तन के रूप में देख रहा है। अतः योगीराज का दायित्व और भी ज्यादा बढ़ जाता है कि वह राष्ट्रहित को सर्वोपरि मानते हुए ही निरन्तर राष्ट्रहित के कार्य करते हुए, उन्हें मिले इस जनमत का आभार प्रकट करें।

स्वार्थयुग देखा है हमने,
स्वार्थ में डूबी राजनीति भी।
हिरण को झुण्ड से अलग कर,
खाने वाली बाघनीति भी।।

जनता को यूँ ही बाँट रहे हैं,
राजनीति के खूखाँर बाघ।
दशकों से दौड़ा रहे थे,
सारा प्रदेश रहा था भाग।।

विकास रथ तो चलना चाहिए,
पर, तुष्टिकरण की शर्त ना हो।
राजनीतिक स्वार्थों की खातिर,
राष्ट्र का बेडा गर्क ना हो।।

सत्ता के गलियारों में अब,
बडा परिवर्तन आया है।
राष्ट्रहित की नीति लागू कर,
जनमत का आभार करें।।

कालचक्र की.............
योगीराज फिर............

सत्ता परिवर्तन तो हो चुका है। अब सामाजिक परिवर्तन की आवश्यकता है। क्योंकि सत्ता परिवर्तन अल्पकालीन हो सकता है परन्तु यदि सामाजिक परिवर्तन हो जाये तो वह दीर्घकाल के लिए होता है। अतः मैं सत्ता के इस परिवर्तन के बाद सामाजिक परिवर्तन की आवश्यकता महसूस कर रहा हूँ। क्योंकि मैं अनेकों ऐसी घटनाएं प्रतिदिन घटित होती देखता हूँ जो समाज की मानसिकता पर प्रश्न चिह्न लगाती रहती है। मुझे समाज की गिरती मानसिकता दिख जाती है, जब इसी समाज द्वारा नेतृत्व के लिए चुने गये कुछ कुकुर नेता भारतीय सेना पर, भारतीय सेना के शौर्य पर, भारतीय सेना के चरित्र पर प्रश्न खड़ा करते हैं। इसके लिए मैं समाज की मानसिकता पर प्रश्न इसलिए उठा रहा हूँ क्योंकि उन मूर्ख नेताओं को नेतृत्व सौंपने वाले हम ही हैं, हमारा समाज ही है, जो नेता भारतीय सेना का अपमान कर बैठते हैं। इससे भी ज्यादा दुःखद बात यह है कि ऐसा करने के बाद भी समाज ऐसे नेताओं को सम्मान देता है, संरक्षण देता है, शक्ति देता है। मुझे अत्यन्त दुःख होता है जब समाज सीमाओं की प्रहरी सेना का अपमान तो सह जाता है। परन्तु सामाजिक एकता को नष्ट-भ्रष्ट करने में महत्वपूर्ण भूमिका निभाने वाले व्यर्थ के दलों, संगठनों अथवा सेनाओं के संरक्षण हेतु यही समाज कोहराम मचा देता है। जब भी समाज की भारतीय सेना के प्रति यह किंकर्तव्यमूढ़ता तथा संकीर्ण भावनाओं से युक्त जातिगत दलों अथवा सेनाओं के प्रति अनन्य श्रद्धा व प्रेम देखता हूँ तो स्वतः ही समाज की मानसिकता पर प्रश्न उठ खड़ा होता है। क्या वास्तव में हमारा सामाजिक चरित्र गिरता जा रहा है? क्योंकि वतन की रक्षा करने वालों का अपमान वही समाज सह सकता है जो मानसिक रूप से विक्षिप्त हो तथा समाज को तोड़ने

वाली सेनाओं का समर्थन भी वही समाज कर सकता है, जो मानसिक रूप से दिवालियेपन की कगार पर खड़ा हो।

यह भारतवर्ष का दुर्भाग्य ही है कि आज भारत की सीमाओं की सुरक्षा करने वाली सेनाओं की संख्या इतनी नहीं है जितनी संख्या भारत को, भारतीय समाज को तोड़ने के लिए भारत की भूमि पर ही उग आयी जातिगत सेनाओं की है। इन जातिगत अथवा साम्प्रदायिक सेनाओं के द्वारा भारतीय समाज में नफरत का प्रसार निरन्तर किया जाता है और इसी नफरत के प्रसार के फलस्वरूप जातीय व साम्प्रदायिक दंगे कभी भी भड़क जाते हैं। ये संकीर्ण मानसिकता से ओत-प्रोत जातीय सेनाऐं शासन-प्रशासन तक को भी हिलाकर रख देने की शक्ति रखती हैं, परन्तु प्रश्न यह उठता है कि इन आततायी सेनाओं को इतनी शक्ति कहाँ से प्राप्त होती है? ये जहरीली सेनाऐं किस प्रकार इतनी शक्तिशाली होती जाती हैं? इन प्रश्नों के साथ ही पुनः समाज स्वतः ही सवालों के कठघरे में आ जाता है। क्योंकि यही सच्चाई है कि समाज के संरक्षण के बिना, समाज के सहयोग के बिना ऐसी किसी भी सेना का अस्तित्व सुरक्षित नहीं रह सकता। समाज को अपनी मानसिकता के गिरते स्तर को ऊपर उठाना होगा तथा इस प्रकार की सभी सेनाओं पर स्वयं ही प्रतिबन्ध लगाना होगा और यदि समाज को इन विकृत मानसिकता वाली सेनाओं पर इतना ही गर्व है तो निश्चय ही इन सेनाओं को एक बार भारत की सीमाओं पर भेजकर इन्हें शत्रु सेनाओं से युद्ध करने का मौका देना चाहिए तभी समाज को वास्तविकता का ज्ञान होगा।

मैं प्रत्येक बार हतप्रभ रह जाता हूँ जब ऐसी किसी जहरीली सेना द्वारा समाज को जलाया जाता है तथा इस निन्दनीय कार्य को करते हुए ऐसा व्यवहार किया जाता है, जैसे कि उसने

बहुत बड़ा शौर्य पूर्ण कार्य किया हो। इससे भी ज्यादा आश्चर्य तब होता है जब समाज का एक पक्ष उस संकट रूपी सेना का इस प्रकार सम्मान करता हुआ दिखायी देता है जैसे कि उसकी इस सेना ने भारत के किसी शत्रु राष्ट्र को पराजित कर दिया है। समाज इस बात को अनदेखा करता है कि उसकी इस कट्टरपंथी सेना ने राष्ट्र को तथा समाज को दंगों की आग से धकेल दिया है। इस प्रकार की कोई भी जातीय सेना समाज का हित कदापि नहीं कर सकती, अपितु समाज को दंगे-फसाद रूपी दंश अवश्य देती है। इन्हें राष्ट्रीयता अथवा मानवता से कोई सरोकार नहीं होता। इनका सर्वोच्च लक्ष्य अपने आपको एक शक्ति के रूप में स्थापित करना होता है तथा इस शक्ति रूप में स्थापित होने के बाद इस प्रकार की जातीय सेनाओं के संस्थापक व संचालक सभी उस समुदाय का हित ना करके स्वयं के स्वार्थ साधने में लग जाते हैं। इस प्रकार इन जातीय सेनाओं को शक्ति के रूप में स्थापित करने वाला समाज स्वयं तो छला ही जाता है। दूसरे राष्ट्र के लिए एक बाधा को उत्पन्न करके, एक प्रकार से राष्ट्रद्रोह भी कर जाता है। इन जहरीली सेनाओं द्वारा जब दंगे-फसाद कराये जाते हैं तो राष्ट्र को तथा राष्ट्रीयता की भावना व राष्ट्रीय गरिमा को बहुत नुकसान पहुँचता है, परन्तु इन सेनाओं को इन दंगों की क्षति की विस्तृतता से अपने बढ़ते वर्चस्व का आंकलन करने में बहुत ज्यादा आनन्द आता है।

सत्ता का सक्षम हाथों में आना तभी सार्थक सिद्ध होगा जब समाज इस प्रकार के सभी जातीय साम्प्रदायिक दलों, संगठनों अथवा ऐसी जहरीली सेनाओं पर प्रतिबन्ध लगाने के लिए नेतृत्व का समर्थन करें और समाज के सहयोग से नेतृत्व भी एक सर्वोत्तम नीति बनाकर ऐसी प्रत्येक सेना को अन्तिम रूप से समाप्त करें

तभी इस राष्ट्र की राष्ट्रीय एकता को संजीवनी मिल सकती है तभी मूर्च्छित पड़े भारतीय समाज को पुनः चेतना मिल सकती है।

भारत की सेना का तो,
अपमान यहाँ पर होता है।
लल्लू-पँजू सेनाओं का,
गुणगान यहाँ पर होता है।।

कितनी दल और सेना उग गयी,
इन पर लगाओ प्रतिबन्ध।
ये समाज को आग लगा रही,
सीमा पर भेजो, कराओ द्वन्द।।

बड़ा शौर्य दिखलाती है,
दंगे और फसाद कराकर।
इनको बड़ा सुकून है मिलता,
अमन-चैन को आग लगाकर।।

ऐसे-ऐसे प्रत्येक दल पर,
और ऐसी सेनाओं पर भी।
एक उत्तम नीति बनाकर,
अंतिम अब प्रहार करें।।

कालचक्र की...........
योगीराज फिर..........

दीर्घकाल तक स्वार्थ में रत, परिवारवादी परम्पराओं का निर्वहन करते राजनीतिक दलों व संकीर्ण मानसिकता वाले भ्रष्ट नेताओं का शासन झेलने के पश्चात, आज शासन की बागडोर निस्वार्थ हाथों में आयी है। आज तक के शासकों ने सत्ता का प्रयोग करके समाज व राष्ट्र का हित किया या नहीं किया, परन्तु सर्वप्रथम अपने परिवार, अपने रिश्तेदारों, सगे सम्बन्धियों का विकास करने पर जोर दिया था। आज हमारा शासन ऐसे निस्वार्थ नेतृत्व के हाथों में है कि जिनका परिवार, रिश्तेदार व सगे-सम्बन्धियों का राजनीति से दूर-दूर तक कोई लेना-देना नहीं है तथा ना ही उनकी पारिवारिक स्थिति ऐसी है कि यह कहा जा सके कि सत्ता का प्रयोग करके उन्होंने इस स्थिति को प्राप्त किया है। इससे यह तो स्पष्ट हो जाता है कि आज वास्तव में हमारे देश व प्रदेश को सुयोग्य शासन प्राप्त हुआ है।

इस सुयोग्य शासन के साथ ही महाशक्ति राष्ट्र निर्माण के पथ पर आगे बढ़ने का उचित व सर्वोत्तम समय भी हम सभी के समक्ष है। मैंने पहले भी कहा कि यह मात्र नेतृत्व में दलीय परिवर्तन नहीं है अपितु यह नेतृत्व की विचारधारा में परिवर्तन है। नेतृत्व की विचारधारा में इस परिवर्तन से अवश्य ही राष्ट्रीय राजनीति के साथ-साथ प्रत्येक क्षेत्र में परिवर्तन होगा, परन्तु इस परिवर्तन की गति में वृद्धि तभी हो सकती है जबकि सामाजिक सोच में, समाज की विचारधारा में परिवर्तन हो जाये। मेरा कहने का अर्थ यही है कि जिस प्रकार से समाज ने नेतृत्व परिवर्तन किया है, उसी प्रकार समाज को स्वयं की भी विचारधारा में परिवर्तन लाना चाहिए। जिस प्रकार हमने स्वार्थी नेतृत्व को अस्वीकार करते हुए राष्ट्रवादी नेतृत्व को शासन की बागडोर सौंप दी है। ठीक उसी प्रकार समाज को निज स्वार्थों का मोह त्यागकर राष्ट्रीय हितों के सर्वोपरि महत्व

देना प्रारम्भ कर देना चाहिए। जब समाज की विचारधारा संकीर्ण निज स्वार्थ की भावना से ऊपर उठकर राष्ट्रीयता केन्द्रित हो जायेगी तभी वास्तव में हमारा देश महाशक्ति राष्ट्र बनने की दिशा में अग्रसर होगा।

अतः हमारे देश को सर्वशक्तिशाली राष्ट्र बनाने के लिए यह अत्यन्त आवश्यक है कि सर्वप्रथम स्वयं में परिवर्तन करना होगा तभी समाज में परिवर्तन आएगा। महाशक्ति पथ पर अग्रसर होने के लिए यह अनिवार्य आवश्यकता है कि शासक व शासन के साथ ही साथ उस राष्ट्र के समाज का भी राष्ट्रीय हितों के प्रति जागरूक तथा राष्ट्रीय कर्तव्यों के प्रति कर्तव्यनिष्ठ तथा उत्तरदायी होना अनिवार्य है। यदि इनमें से कोई भी एक पक्ष अर्थात शासक व समाज में से कोई भी एक पक्ष राष्ट्रीयता से अधिक स्वार्थता से प्रभावित है तो यह कदापि सम्भव नहीं कि वह राष्ट्र विश्व का सबसे शक्तिशाली राष्ट्र बन पाये। इसलिए हमारा राष्ट्र प्रगति पथ पर बढ़े इसके लिए मात्र योग्य नेतृत्व के चयन करने से काम नहीं बनने वाला है। इसके लिए आवश्यकता है कि हम सभी अपने-अपने स्तर पर प्रयास करें। आज आवश्यकता है कि नेतृत्व के साथ मिलकर सम्पूर्ण भारतीय समाज स्वयं को योग्य बनाये तथा राष्ट्र को सर्वशक्तिशाली महाशक्ति राष्ट्र बनाने के लिए निरन्तर अथक प्रयास करें। हम नेतृत्व पर यह विश्वास करते हैं कि यह नेतृत्व हमारी समस्याओं का समाधान करेगा और राष्ट्र की स्थिति में सुधार भी करेगा। इस बार यह विश्वास सही भी है। परन्तु ठीक इसी समय पर समाज को स्वयं पर भी विश्वास करना होगा। समाज को यह विश्वास जगाना ही होगा कि नेतृत्व का साथ समाज इसी समस्या का निदान व राष्ट्र प्रगति की स्थिति में तीव्र गति से सुधार कर सकता है।

वर्तमान समय को यह मानकर नहीं चलना चाहिए कि जिस नेतृत्व को हमने चुना है वही राष्ट्रहित करे अपितु इस समय सम्पूर्ण समाज को इस सोच को अपनाकर चलना होगा कि अब हमें स्वयं के लिए नहीं बल्कि राष्ट्र के लिए जीना है। हमें प्रत्येक कार्य को करते समय यह भाव अपने अन्दर जागृत करना होगा कि यह कार्य मैं देशहित के लिए कर रहा हूँ। इस प्रकार के भाव के साथ हमारा प्रत्येक कार्य देशहित से जुड़ जायेगा और हमारे द्वारा कभी भी कोई राष्ट्र विरोधी कार्य नहीं हो पायेगा। यही समय है जब समाज का पुनर्जागरण होना चाहिए। यह ही उचित समय है जब हम सभी उन वीरों का कर्ज चुका सकते हैं, जिन्होंने इस देश की स्वतन्त्रता के लिए तथा इस देश की रक्षा के लिए अपने प्राणों का बलिदान दिया था।

मैं अक्सर ऐसे लोगों को देखता हूँ जो यह कहते दिखते हैं कि आखिर इस नेतृत्व ने देश के लिए किया ही क्या है? परन्तु ऐसे लोगों के प्रत्येक प्रश्न का उत्तर इन्हें स्वयं से ही प्राप्त हो जायेगा। यदि यें लोग स्वयं से एक प्रश्न कर लें कि आखिर तुमने इस देश के लिए क्या किया है? यें वही लोग हैं जिन्होंने कभी करोड़ों-अरबों के घोटाले करने वाली सरकारों से कोई प्रश्न पूछने की हिम्मत तक नहीं की। शायद इन्हें प्रत्येक माह होने वाले करोड़ों-करोड़ों के घोटालों की आदत इस कदर पड़ गयी है कि इस सरकार में अभी तक एक भी रूपये का एक भी घोटाला ना होना। इन्हें कुछ भी ना होना दिखायी देता है और यें बार-बार चीख उठते हैं कि आखिर इस सरकार ने किया ही क्या है? ऐसे लोगों से मैं यही कहना चाहूँगा कि ऐसे लोगों को अब सुधरना ही होगा, क्योंकि अब जुगाड़तन्त्र का अन्त होने जा रहा है। अतः भ्रष्टाचार की लताओं को पकड़कर झूलने वाले ऐसे भ्रष्टाचार में भागीदार लोगों

को अब यह सरकार तथा इसकी कार्यपद्धति रास नहीं आ रही है। इसीलिए ऐसे प्रत्येक व्यक्ति को स्वयं में सुधार करने हेतु प्रयास करने चाहिए। हम सभी को स्वयं में परिवर्तन लाने हेतु प्रयास करने चाहिए, तभी हम राष्ट्रहित में परिवर्तन ला सकते हैं, स्वयं के आचरण में भी तथा सामाजिक आचरण में भी।

शासन तो है निःस्वार्थ हाथों में,
उचित समय अब आया है।
समाज स्वयं की सोच बदले,
राष्ट्रहित में फरमाया है।।

विश्वगुरू यह राष्ट्र बने,
इसके लिए प्रयास करें।
शासन से तो आस जगी ही,
स्वयं पर भी विश्वास करें।।

समय है उनका कर्ज चुकाएं,
जिन्होंने अपना बलिदान दिया है।
अपने अन्दर सब झांकों,
हमने आखिर क्या किया है?

बहुत किया अब तक जुगाड़,
भ्रष्टाचार में भागी बने हैं।
अब समय है सब सुधरे,
सभी अपने प्रयास करें।।

कालचक्र की.............
योगीराज फिर...........

इस पुस्तक के प्रारम्भ में ही मैंने स्पष्ट लिखा है कि मेरा तात्पर्य योगी आदित्यनाथ को योगीराज श्रीकृष्ण बताना नहीं है। परन्तु योगी आदित्यनाथ को योगी आदित्यनाथ के रूप में ही दिखाना मेरा सौभाग्य है। क्योंकि जब योगी आदित्यनाथ को वर्तमान समय के अन्य नेतृत्व करने वाले राजनीतिज्ञों के समक्ष खड़ा करके देखता हूँ तो मुझे वें सभी राजनीतिज्ञ मात्र स्वार्थ साधते दिखते हैं। जबकि दूसरी तरफ अथक रूप से निरन्तर कार्यरत यह योगी आदित्यनाथ एक निःस्वार्थ सेवक के रूप में स्पष्ट दिखायी देता है। यदि कोई उन्हीं पुराने चश्मों से योगी आदित्यनाथ के शासन को देखेगा, जो जिसमें उन्हें पूर्व में आये तुष्टिकरण व जाति-पाति की राजनीति करने वाले नेतृत्वों ने पहना रखे हैं तो उन्हें यह योगीराज अवश्य ही बुरा दिखायी देगा। परन्तु यदि वही प्रत्येक व्यक्ति राष्ट्रीयता के श्रेष्ठतम चश्मे को पहनकर देखे तो आपको इस योगीराज के महत्व दिखन लगेंगे।

इस योगी का शासनकाल उस शासन से सदैव श्रेष्ठ है कि जिसमें जीवित समाज से भी आगे बढ़कर मृत समाज अर्थात कब्र और चिता तक को भी बँटवारे की राजनीति में घसीट दिया। मैं उस शहजादे की बात कर रहा हूँ जिसका काम इतने जोर से बोला कि इतने जोर-शोर से तो औरंगजेब का काम भी नहीं बोल पाया। इस सत्ता व शक्ति के पुजारी ने सत्ता पर कब्जा बनाये रखने के लिए स्वयं अपने पिता तथा चाचा तक को भी शक्ति से बेदखल कर दिया। मैं यू0पी0 चुनाव के दौरान 'काम बोलता है' वाले नारे को सुनकर व पढ़कर सदैव असमंजस में पड़ जाता था कि आखिर यह कौन से काम के बोलने की बात हो रही है? कब्र चिता को बाँटने वाले काम की या तात-पिता को डाँटने वाले काम की। बाकी यू0पी0 की जनता ने जो जनादेश दिया उससे स्पष्ट हो गया कि

यू0पी0 के शहजादे का कौन सा काम बोला। उसी प्रकार इससे भी पूर्व की एक सरकार ने जब दलित हित का राग अलापते-अलापते करोड़ों-अरबों रुपये के संगमरमर के पार्क बना डाले तो सोच में पड़ गया कि एक संगमरमरी पार्क से कितने करोड़ अथवा कितने लाख अथवा कितने हजार या सौ दलितों की गरीबी दूर होगी। परन्तु कुछ समझ नहीं पाया।

अतः समाज से यही कहना चाहता हूँ कि जब तक स्वयं के स्वार्थों की बात करोगे तब तक स्वार्थी नेता तुम्हें बहकाकर स्वयं के ही स्वार्थ साधते रहेंगे। परन्तु यदि राष्ट्रीय हित की बात समाज करेगा तो एक सौ छत्तीस करोड़ लोग राष्ट्रहित के पहरेदार के रूप में खड़े होंगे और तब ऐसे प्रत्येक नेतृत्व को राष्ट्रहित के कार्य करने ही पड़ेंगे।

आशा है मेरा वास्तविक संदेश आप सभी प्रबुद्ध पाठकों तक पहुँच गया होगा। आपके प्रत्युत्तर का अभिलाषी...........

**आपका - प्रवीन कुमार 'पर्व'**

मैं योगी को कृष्ण ना कहता,
पर योगी है तो योगी है।
यह है निःस्वार्थ सेवक सा,
बाकी सारे ढोंगी हैं।।

कोई अपने शासनकाल में,
कब्र-चिता को बाँट गया।
यू0पी0 का शहजादा अपने,
तात-पिता को बाँट गया।।

कोई यहाँ पर दलित-पिछड़ों का,
झूठा राग गाती है।
दलितों के है वही झोपड़ें,
संगमरमर के पार्क बनाती है।।

इन झूठे लोगों के, झूठ बड़े,
पारिवारिक जड़े बनायी हैं।
झूठ के इन सौदागरों पर,
कभी ना जन विश्वास करे।।

कालचक्र की...............
योगीराज फिर.............